# LA
# BATAILLE DE 1918
## SUR LE FRONT OCCIDENTAL

CONFÉRENCES FAITES EN 1921
AUX SOCIÉTÉS D'OFFICIERS SUISSES

PAR

## Le Lieutenant-Colonel d'Artillerie breveté H. CORDA
Chef de Cours de Tactique et d'Histoire militaire
à l'École d'Artillerie de Fontainebleau

GAUTHIER-VILLARS ET Cⁱᵉ, IMPRIMEURS-ÉDITEURS
55, Quai des Grands-Augustins, PARIS
1921

# LA
# BATAILLE DE 1918

## CHAPITRE I.
### La veillée des armes.

### I. — LA PRÉPARATION
### DE L'OFFENSIVE ALLEMANDE DE 1918.

**La situation générale au début de l'année 1918.** — Malgré la volonté énergiquement affirmée chez les Alliés de poursuivre la guerre jusqu'à la victoire, l'année 1918 s'ouvrait pour eux sur d'assez graves appréhensions : l'année 1917 n'avait pas tenu ses promesses; l'ennemi certes s'était usé par les pertes considérables qu'il avait subies, mais la défection russe, à laquelle il avait tant contribué par son influence et son or, avait annulé le résultat de nos grands efforts.

A n'en pas douter, l'Allemagne allait se dépêcher d'en profiter pour reconstituer et augmenter ses armées du front occidental, et obtenir en France la supériorité numérique, alors que l'Italie, à peine remise de son désastre d'automne, serait encore pour longtemps dans l'incapacité de reprendre l'offensive.

On pouvait, il est vrai, espérer que cette supériorité numérique ne serait que momentanée, et qu'au bout de quelques mois elle serait largement compensée par l'afflux des contingents amé-

ricains, qui chaque semaine débarquaient en plus grand nombre
à Saint-Nazaire ou à Bordeaux. Néanmoins, avant que ne puisse
se faire sentir leur intervention efficace, la situation à cette date
ne laissait pas que d'être très grave pour l'Entente, en la con-
damnant momentanément à la défensive, et en lui enlevant l'initiative de la bataille, alors que ses ennemis se flattaient de l'espoir
d'obtenir la décision.

Devant l'effondrement de la Russie, l'opinion en Allemagne
était assez diversement partagée, quant au parti à prendre : la
masse de la nation était lasse de la guerre; les armées, affaiblies
par la dure campagne défensive de 1917 sur le front occidental,
commençaient à marquer des signes d'affaiblissement et de
déchéance. A côté de la politique pangermaniste de l'État-Major,
la tendance modérée, représentée par le Ministre des Affaires
étrangères, *Kuhlmann*, avait fait des progrès considérables; une
grande partie des classes bourgeoises et du peuple estimait qu'on
pouvait se borner à exploiter les avantages obtenus à l'Est, et
qu'avec les puissances occidentales, la conciliation agirait mieux
que la force.

Mais *Lüdendorff*, chef du parti militaire et annexionniste, se
refusait à une « Paix de compromis » : seule, selon lui, l'offensive
triomphante à l'Ouest pouvait remonter le moral de l'armée,
solutionner la crise intérieure et amener la paix générale, en permettant de dicter à la coalition les volontés de l'Allemagne.
Jamais les conditions ne lui avaient semblé meilleures, puisque
la Russie avait disparu militairement parlant, et que, jusqu'à
l'automne, l'appui américain pouvait être considéré comme négli-
geable.

Lüdendorff l'emporta : dès la fin de 1917, von Kuhlmann et
les partisans d'une paix de conciliation étaient nettement battus
par le parti militaire, et l'offensive était décidée sur le front occidental. Dès lors, une campagne de presse méthodiquement conduite, et poursuivie avec une habileté consommée et une intensité
croissante, prépara l'opinion, par des allusions à une attaque
alliée qu'il fallait songer à prévenir, à la grande décision que les

armées allemandes allaient chercher du côté de l'Ouest, et la convainquit sans trop de peine que cet effort serait le dernier.

Et avant même que la Russie ait capitulé définitivement à Brest-Litowsk, l'État-Major allemand, dès le mois de novembre, commençait à faire refluer sur le front occidental ses divisions de Russie, des Balkans et d'Italie, à raison de 10 à 12 en moyenne par mois (42 au total de novembre 1917 à mars 1918).

**Préparation de l'armée allemande.** — Puis, de même que l'année précédente, Lüdendorff avait préparé l'armée par la défensive, de même il fait tout le nécessaire pour la préparer à l'offensive de 1918 par ses *Directives sur la bataille offensive*, et pour faire revivre à nouveau dans ses rangs les principes de guerre de mouvement que la longue lutte de tranchées avait quelque peu laissé tomber dans l'oubli.

Ce qu'il tient à obtenir avant tout, c'est le succès tactique : « Sans succès tactique, écrit-il dans ses Mémoires, on ne pouvait s'occuper de stratégie..., une stratégie qui ne cherche pas le succès tactique est d'avance condamnée à l'impuissance. »

Ce succès tactique, il le demandera *à la méthode inaugurée à Riga*, et dont le succès facile sur les médiocres adversaires qu'étaient les Russes n'était en somme qu'une « répétition générale ». Elle est basée essentiellement sur :

1° La surprise obtenue : par la *brièveté de la préparation d'artillerie* réalisée grâce à l'emploi en masses d'obus toxiques, *par la mise en place au dernier moment des unités d'attaque*, exécutant des marches d'approche de nuit, *par le secret absolu des préparatifs*.

2° *Sur la violence d'irruption* de formations massives, échelonnées en profondeur pour produire un effet de choc maximum.

3° *Sur la profondeur de la pénétration*, exploitant le succès initial, et obtenue par la marche rapide des troupes d'attaque, débordant les résistances, et progressant résolument et coûte que coûte vers des objectifs éloignés désignés à l'avance.

L'élargissement de la brèche s'opérerait alors rapidement par rabattement sur ses ailes, et alors seulement, après la tactique, interviendrait la stratégie.

Sur tous les théâtres de la guerre, les troupes furent dressées à ces nouvelles méthodes, en vue de les rendre utilisables toutes sur le front français. Des cours furent aussi créés à cet effet pour les États-Majors et les grandes unités.

Tous les matériels nécessaires furent facilement rassemblés et mis au point. Par contre, la question des effectifs donna de plus sérieuses inquiétudes : pour remédier à la crise du nombre, on fit appel à toutes les mesures compatibles avec les circonstances ; on appauvrit jusqu'à l'extrême limite les divisions maintenues sur les autres fronts ; on eut recours, malgré leur médiocre qualité, à des unités autrichiennes ; on rappela de l'intérieur tous les « embusqués » ; on en vint pour certains services à la main-d'œuvre féminine, et, cependant, malgré toute l'énergie que déploya Lüdendorff, les armées allemandes ne disposaient plus comme dernières réserves que de 100 000 hommes dans les dépôts, ce qui était évidemment insuffisant au début de la nouvelle campagne qui s'ouvrait.

A partir de janvier, toutes les divisions destinées à l'attaque sur le front ouest furent retirées des lignes, et remplacées par celles venant d'autres théâtres, pour se consacrer entièrement à leur entraînement et au recomplètement de leur matériel et de leur équipement.

**Plan de Lüdendorff.** — Lüdendorff hésita entre trois secteurs d'attaque :

La région d'Ypres à Arras ;

Celle d'Arras à Saint-Quentin ;

Enfin celle des deux rives de la Meuse de part et d'autre de Verdun.

*Le premier secteur* permettait d'atteindre facilement Calais ou Boulogne ; mais le terrain n'y était praticable qu'à partir du mois d'avril, et, de plus, les Anglais s'y trouvaient en force.

*Le troisième*, également bien gardé par les troupes françaises, présentait un terrain accidenté, peu favorable à la progression des mouvements.

Finalement donc, Lüdendorff s'en tint au secteur central, qui offrait un terrain praticable en tous temps à toutes les armes et moyennement ondulé. Il avait l'inconvénient de mener à l'ancien terrain de la bataille de la Somme, criblé d'entonnoirs, et peu commode pour le stationnement des troupes ; mais, par contre, il conduisait à *Amiens* qui était le véritable nœud de communications des armées française et britannique. En outre, on s'attaquait dans ce secteur à un point faible du front, *le voisinage de la soudure entre les deux armées alliées*, au-dessus desquelles il n'existait pas de commandement unique.

Telles sont les raisons qui le décidèrent à attaquer entre Arras et l'Oise, dans le but de s'emparer d'Amiens, et ultérieurement d'acculer les Anglais à la mer, en rejetant les Français au Sud s'ils intervenaient, ce qui pour lui n'était pas douteux.

**Remaniement du front.** — Dès le début de février, l'offensive fut décidée pour le 21 mars « Jour Michel », et dans les premiers jours du mois de mars, le G.Q.G., qui était auparavant à Kreutznach, fut transporté à Spa, plus à proximité des opérations.

L'attaque devait être menée par trois armées :

*La XVII<sup>e</sup> (von Below*, le vainqueur de Caporetto) ;
*La XVIII<sup>e</sup> (von Hutier*, le vainqueur de Riga) ;
*La II<sup>e</sup> (von Marwitz*, qui tenait le secteur).

Leurs États-Majors furent intercalés sur le front, l'un au nord de la II<sup>e</sup> armée, au sud d'Arras, l'autre au sud, de part et d'autre de Saint-Quentin.

Les II<sup>e</sup> et XVII<sup>e</sup> comptèrent au groupe d'armées du kronprinz de Bavière, qui s'étendait jusqu'à la mer du Nord.

La XVIII<sup>e</sup> au groupe d'armées du kronprinz qui abandonna Verdun.

Un nouveau groupe d'armées (von Gallwitz), comprenant la V<sup>e</sup> armée et le détachement d'armée von Mudra (D.A.C.), fut alors intercalé entre celui du kronprinz et celui du duc de Würtemberg.

Toutes les divisions d'assaut et de réserves furent, jusqu'aux derniers jours, maintenues dissimulées dans la région centrale et arrière du front (Maubeuge-Hirson-Mézières), de façon à laisser les Alliés dans l'indécision de la zone d'attaque (¹). Jusqu'au moment même de l'offensive, aucun mouvement de grandes unités n'eut lieu par voie ferrée, au sud de la ligne Hirson-Valenciennes. Toutes les étapes de concentration devant s'exécuter par voie de terre et uniquement de nuit, comme à Riga, pour assurer le secret absolu des opérations.

Et ce ne sera que le jour même de l'attaque que les dernières divisions de réserve seront transportées à proximité même de la bataille.

Les gros mouvements d'artillerie furent effectués dans les gares de Liége, Mons et Maubeuge vers le milieu de février, mais la mise en place de l'artillerie lourde, en particulier, fut discrète et progressive, de façon à éviter toute circulation intense dans la zone arrière du front intéressé.

Ainsi donc le premier élément de la surprise, qui est *le transport secret de la masse de manœuvre à pied d'œuvre*, a été recherché avec le plus grand soin, comme à Riga.

Enfin pour donner davantage encore le change aux Commandements alliés, de multiples attaques locales tinrent en éveil tout le front français, en Champagne, en Lorraine, en Alsace.

Pour ajouter la terreur démoralisatrice à la surprise et à l'énormité des moyens, des raids d'avions (Gothas) se multiplièrent sur Paris dès le milieu de mars et le 23 la capitale fut soumise au tir à longue portée de plusieurs pièces colossales, dissimulées dans la région de Laon et la Fère.

---

(¹) Elles pouvaient ainsi se concentrer rapidement aussi bien dans le secteur de Verdun qu'en Champagne, en Artois, ou en Flandre.

## II. — L'HIVER 1917-1918 SUR LE FRONT FRANÇAIS.

**Nouvelle répartition du front.** — L'hiver de 1917-1918 fut, pour les armées alliées du front occidental, une véritable « Veillée des Armes » [1], et avec une activité fiévreuse elles se préparèrent à résister à l'offensive formidable dont l'Allemagne, par sa presse, menaçait tapageusement l'Entente.

Le premier souci de notre Haut Commandement fut d'obtenir d'abord que le front soit plus équitablement réparti entre les armées française, belge et britannique :

Au 20 janvier, cette dernière était descendue jusqu'à hauteur du massif de Saint-Gobain au sud de l'Oise, et, par l'entrée dans le secteur de Saint-Quentin de la V$^e$ armée (Gough), avait permis la relève de notre 3$^e$ armée (Humbert) qui fut placée en réserve à l'arrière vers Clermont.

La 1$^{re}$ armée française, d'autre part, relevée en partie par les Anglais, en partie par l'armée belge reconstituée à 12 divisions du type français, put reprendre momentanément son ancien secteur à l'est de Saint-Mihiel.

Le front se trouva alors réparti comme il suit :

35$^{km}$ environ aux Belges pour 12 DI. (en ligne et réserves);

200$^{km}$ environ aux Anglais pour 61 DI. [2] (en ligne et réserves);

530$^{km}$ environ aux Français pour 99 DI. (en ligne et réserves).

**Constitution des réserves et prévision de leur emploi.** — Le Commandement se préoccupa aussi de se constituer des réserves aussi nombreuses que possible, destinées à alimenter la bataille ou à manœuvrer. La supériorité numérique de l'ennemi, aussi bien que la situation précaire de nos effectifs, nous impo-

---

[1] Louis MADELIN, *La bataille de France.*
[2] Dont 2 divisions portugaises.

saient en effet, pour la campagne de 1918, *de livrer une bataille défensive*, tout au moins jusqu'à l'intervention efficace des forces américaines qui, seule, pouvait nous permettre de reprendre l'offensive. Cette bataille, il fallait donc la conduire avec *économie*, en *durant* suffisamment longtemps, et pour cela il fallait des réserves. Toutes les divisions qui n'étaient pas indispensables à la défense stricte du front furent donc retirées à l'arrière, mises au repos ou entraînées. On opéra de même pour les régiments d'artillerie, de façon à se créer des disponibilités de cette arme.

**Plans de transport.** — Les zones de stationnement de toutes ces réserves furent choisies en fonction des possibilités d'embarquement ; des *plans de transport par voie ferrée ou par autos* furent établis pour chacune d'elles, de façon qu'elles puissent être dirigées d'urgence vers les points sensibles du front. En outre, leurs conditions d'emploi furent prévues et étudiées, soit comme renforcement des armées attaquées, soit pour des contre-offensives à grande envergure.

**Réglementation de la circulation.** — Pour faciliter encore les mouvements rapides de toutes les unités qui feraient mouvement par voie de terre ou par camions automobiles, ainsi que ceux des unités d'artillerie hippomobiles ou à tracteurs, toute la circulation de l'arrière-front, de la Somme à la Moselle, avait été réglée à l'avance :

*De grands itinéraires jalonnés* depuis Amiens à Vitry et Châlons étaient réservés, les uns aux convois automobiles, les autres aux régiments d'artillerie à tracteurs, d'autres encore aux convois hippomobiles ; des routes éventuelles et de rocade étaient prévues.

*Des Commissions régulatrices automobiles*, constituées à l'exemple de celles qui avaient rendu tant de services à Verdun, sur la Somme, et sur l'Aisne, étaient prêtes à fonctionner et à assurer sur l'ensemble de l'arrière-front, la régularité et la coordination de tous les multiples mouvements que provoquerait la bataille attendue.

**Instruction de l'armée**. — *Les travaux d'ordre défensif furent accélérés;* et l'exemple de Cambrai et de Riga, prouvant que la défense ne pouvait plus toujours éviter la rupture du front, du moins pour les premières positions, on organisa à l'arrière de nouvelles positions et des zones de repli à l'aide de la main-d'œuvre civile et de travailleurs italiens.

En même temps, on poussait activement l'instruction des 3oo ooo jeunes soldats de la classe 19, ainsi que celle des grandes unités en réserve, et le Haut Commandement, par de nombreuses directives, orientait les armées sur les modalités nouvelles de la grande bataille défensive que chacun pressentait.

**La coopération franco-britannique**. — Les États-Majors alliés, tenus par leurs services de renseignements au courant de la force et des emplacements des concentrations allemandes, pouvaient discerner en gros les directives de l'offensive ennemie. Le raisonnement leur permettait de conclure que celle-ci viserait un point faible, en l'espèce la soudure des fronts français et anglais, région de Saint-Quentin (¹).

*La coopération franco-britannique apparaissait donc obligatoirement comme un facteur essentiel du succès:* elle fut préparée très activement, et fit l'objet d'études détaillées réglant, dans les différentes hypothèses d'attaque envisagées, l'intervention de forces françaises et zone britannique, et réciproquement; tous les plans de transport nécessaires furent mis au point.

L'État-Major du G.A.R. (groupe d'armées de réserve), cons-titué dès le 3o janvier à Verberie près de Compiègne, sous la direction du général Fayolle rentré d'Italie, et celui de la 3ᵉ armée (général Humbert) en réserve à Clermont, furent spécialement chargés, en collaboration avec les États-Majors britanniques, de ces études intéressant l'ensemble du front.

---

(¹) Mais en même temps nous devions surveiller la région de Champagne, en particulier les abords de Reims où des indices assez précis dénonçaient une pré-paration d'attaque sérieuse.

**Le général Foch, président du Comité militaire interallié.**
— Ainsi le dispositif d'attente se perfectionnait de jour en jour.
Cependant une certaine émotion agitait l'opinion : dans le pres-
sentiment des gros événements que l'on attendait, chacun sentait
combien il importait d'avoir au plus vite un commandement véritablement « unique », capable de parer à ces éventualités redou-
tables.

Il était évident que le gros effort qui allait être donné en 1918
serait caractérisé, moins par l'importance des forces qui allaient
s'y heurter dans un choc décisif, que par la valeur du Commandement qui les dirigerait, et la gravité de l'heure exigeait que ce
Commandement existât.

Or, en face d'un adversaire puissamment organisé, et dont les
forces centralisées étaient dans la main d'un chef unique incon-
testé, Hindenburg ou plutôt son second Lüdendorff, le triumvirat
militaire de l'Entente, valait-il un véritable Généralissime et
serait-il capable d'assurer sans tiraillement la direction d'ensemble
des opérations et la coordination des efforts ?

Et cependant, par suite de fatals préjugés, la solution de la
question ne fut pas encore tranchée complètement : le Conseil
supérieur de Guerre interallié réuni à Versailles à la fin de janvier, sous la présidence de M. Clémenceau, ne se borna qu'à
amorcer sa réalisation par une définition plus complète des attri-
butions du Comité militaire interallié et la nomination du général
Foch comme président, susceptible de prendre, si les circonstances
l'exigeaient, les pouvoirs de Généralissime des Alliés.

**Situation des forces en présence au 20 mars.** — Le 20 mars,
la situation générale sur le front français était la suivante (non
compris les D.C.).

*Forces alliées.* — 99 divisions françaises, 59 divisions anglaises,
2 divisions portugaises (¹), 12 divisions belges. Total : 172 divisions dont 61 en réserve, 111 en ligne.

---

(¹) Ces 2 DI. portugaises étaient sur le front anglais au nord de la Bassée.

*Allemands.* — 190 à 200 divisions, dont 80 en réserve au minimum.

En outre, 4 divisions alliées (2 anglaises et 2 françaises) étaient en route pour la France, venant d'Italie, et 4 divisions américaines, déjà constituées, existaient sur le front français, en partie en secteurs mélangées à des DI. françaises, en partie dans les camps d'instruction.

Telle était la situation lorsqu'allait s'ouvrir, selon le mot du maréchal Foch, « *la plus grande bataille de l'Histoire* », bataille qui devait durer presque sans interruption 235 jours (du 21 mars au 11 novembre) et dans laquelle sur un espace de 400$^{km}$ allaient bientôt s'affronter 6 millions d'hommes.

**Les phases de la campagne de 1918.** — 1º *Les offensives allemandes du printemps :*

Offensive sur la Somme du 21 mars ;
Offensive sur la Lys du 9 avril ;
Offensive sur l'Aisne du 27 mai ;
Offensive sur Compiègne du 9 juin.

2º *La seconde bataille de la Marne,* comprenant deux temps :
L'offensive allemande du 15 juillet sur Château-Thierry et en Champagne ;
La contre-offensive française (18 juillet-4 août).

3º *L'offensive alliée* avec ses trois phases :
Le rejet de l'ennemi sur la ligne Hindenburg (8 août-25 septembre) ;
La rupture de la ligne Hindenburg (26 septembre-15 octobre) ;
L'attaque générale concentrique et l'armistice (19 octobre-11 novembre).

# CHAPITRE II.

## Les offensives ennemies du printemps 1918.

### I. — L'OFFENSIVE DU 21 MARS.

**Situation le 21 mars matin.** — Les trois armées allemandes devaient attaquer ainsi qu'il suit :

*La XVIIᵉ (von Below, 23 DI.)*, de Croisilles à Mœuvres ;

*La IIᵉ (von Marwitz, 17 DI.)*, de Villers-Ghislain à Bellenglise ;

*La XVIIIᵉ (von Hutier, 27 DI.)*, de ce point à Vendeuil-sur-l'Oise.

Le saillant des lignes anglaises à hauteur de Cambrai, non attaqué directement, était destiné à tomber par la manœuvre des ailes intérieures des IIᵉ et XVIIᵉ armées.

En outre, un groupement de 3 DI. (von Gayl), de la XVIIIᵉ armée, devait ultérieurement franchir l'Oise, de Vendeuil à La Fère.

Les directions de marche étaient Ouest-Sud-Ouest avec Amiens comme axe, sensiblement.

Le choc de cette masse allait être reçu par deux armées anglaises (3ᵉ et 5ᵉ) :

*La 3ᵉ armée W. (Byng)*, du nord d'Arras à la Vacquerie (16 DI. dont 10 en ligne).

*La 5ᵉ armée W. (Gough)*, de la Vacquerie à Barisis au sud de l'Oise (16 DI. dont 11 en ligne et 3 D.C.).

Quatre à cinq divisions françaises dans la zone Senlis-Compiègne-Pontoise-Meaux étaient prêtes à étayer éventuellement la droite de la 5e armée britannique.

**Journée du 21 mars.** — Après un bombardement formidable à obus toxiques, commencé soudainement à $4^h 30^m$ du matin, l'assaut est donné à $9^h 45^m$ en plein brouillard par près de 40 divisions ennemies en première ligne, contre les 21 en ligne des 3e et 5e armées anglaises.

*Au Nord*, la 3e armée résiste assez bien et ne perd que ses premières positions.

*Mais au Sud*, devant la 5e armée, les progrès de l'ennemi sont considérables : enfoncées et submergées, les divisions anglaises sont rejetées sur le canàl Crozat, entre Saint-Simon et Tergnier.

Prévenu aussitôt, le Haut Commandement français décide l'envoi *du Groupement Pellé* (5e C.A.) [1] et de 3 régiments d'artillerie lourde dans la région de Noyon, pour soutenir la droite anglaise, et fait jouer tout le système d'intervention prévue pour l'hypothèse d'attaque réalisée. En outre, la 125e DI. de la 6e armée intervient dans la région de Tergnier.

**Journées des 22-23-24 mars.** — Le lendemain, l'ennemi, en présence de l'Empereur venu en personne assister à la victoire, continue ses attaques en masses puissantes ; le saillant de Cambrai tombe, et jusqu'à la Somme, les troisièmes positions sont atteintes ou dépassées. Au sud de la rivière, le canal Crozat est franchi, et le passage de l'Oise forcé à l'ouest de La Fère.

Devant le désarroi des troupes de la 5e armée W., qui ne présentent plus que des débris errants et épars, le général Pétain, d'accord avec le général Haig, porte à Montdidier l'État-Major de la 3e armée (général Humbert), pour prendre, le 23, la direction de la bataille au sud de la Somme.

---

[1] L'État-Major du 5e C.A., les 9e, 10e DI., la 1re D.C.P., qui se trouvaient dans la région Estrées, Saint-Denis, Senlis, Meaux.

Les divisions du général Pellé, rameutant les éléments britanniques en désordre, essayent en vain de retarder à tout prix l'avance allemande au sud du canal Crozat, mais sont obligées de se replier sur les hauteurs au nord de Noyon et Lassigny.

Plus au Nord, le général Gough (5e armée) a renoncé à défendre la ligne de la Somme, et Péronne est pris. Entraînée dans le mouvement de recul, la 3e armée (Byng) retraite également en direction de Bapaume, mais non sans faire subir à l'armée von Below des pertes sanglantes qui modèrent quelque peu sa progression.

**Journées des 25 et 26 mars.** — Amiens est menacé, et le repli rapide des Anglais risque de faire rompre la soudure fragile entre eux et notre 3e armée (Humbert). Il faut que le Commandement français prenne le commandement supérieur de la bataille tout entière. Ce sera le rôle de l'État-Major du G.A.R., disponible à Verberie. Le *général Fayolle* reçoit donc la mission de contenir la poussée allemande à l'aide des divisions qui débarquent sans arrêt, en assurant à tout prix la liaison avec la 5e armée britannique, et en maintenant sa droite à l'Oise, dont la rive Est sera défendue par la 6e armée du G.A.N.

Il aura sous ses ordres à partir du 24 :

*La 3e armée* déjà sur les lieux (6 DI. déjà à peu près à pied d'œuvre);

Et *la 1re armée* (général Debeney) dont l'État-Major a été rappelé d'urgence de Lorraine, et dont déjà 8 divisions, en cours de transport par voie ferrée, viendront prolonger à gauche celles de la 3e armée.

En attendant leur arrivée, 3 divisions de cavalerie, amenées d'urgence, vont seules pendant 48 heures, et au prix des plus grands efforts, assurer la liaison de notre gauche avec la droite de nos Alliés.

*Les 24 et 25 mars,* la situation continue à être inquiétante et l'ennemi sentant devant lui peu de résistance, accentue sa progression à l'Ouest, en direction de Montdidier et d'Amiens; Bapaume, Combles, Nesles, Guiscard sont tombés en ses mains, et le 25 au soir, le général Pellé, qui s'y est héroïquement maintenu jusqu'à la dernière heure, est obligé d'évacuer *Noyon* que les Allemands ont débordé à l'Ouest; un régiment du 5<sup>e</sup> C.A. s'y bat vaillamment toute la nuit pour permettre au restant du Corps d'armée de s'établir sur les hauteurs au Sud et à l'Ouest (mont Renaud et massif de Lassigny).

Arrêtées au Sud, les masses ennemies refluent vers l'Ouest, l'Ancre et Albert sont atteints le 26, Roye est pris le même jour et l'armée von Hutier pousse tant qu'elle peut en direction de Montdidier et de Moreuil, refoulant les débris des 18<sup>e</sup> et 19<sup>e</sup> corps britanniques, et nos divisions de cavalerie qui combattent pied à pied.

**La conférence de Doullens (26 mars). L'unité de commandement réalisée.** — Devant la gravité des circonstances, l'émotion fut grande en Angleterre comme en France; une conférence réunit à Doullens, le 26 mars, en présence du Président de la République, les représentants des Gouvernements alliés et les grands chefs militaires français et anglais :

Une seule mesure s'imposa à tous, et l'intervention énergique de M. Clémenceau triompha des dernières hésitations de l'Angleterre : *le général Foch fut chargé de coordonner l'action des Armées alliées sur le front de France.* Tous mettaient unanimement leur confiance dans le grand chef dont l'énergie, l'autorité et le prestige avaient déjà, en 1914 sur l'Yser, sauvé la situation dans un moment critique. Et nul mieux que lui ne pouvait, maintenant encore, concilier les tendances diverses qui se faisaient jour chez les deux chefs des Armées alliées.

Le général Haig, soucieux avant tout de couvrir les ports du Pas de Calais, désespérait déjà de sauver Amiens.

Le général Pétain, d'autre part, préoccupé de se maintenir en liaison avec les Anglais et de couvrir Amiens, ne voyait pas sans

appréhension le front de ses armées s'étirer au Nord, au risque
de se rompre vers le fond de la poche de Montdidier.

« *Tenir, tenir à tout prix, chacun où il se trouve* », telle fut la solution simple qu'imposa le nouveau généralissime : tenir d'abord,
pour établir un front défensif et solide, à l'abri duquel pourront se
masser les puissantes réserves, avec lesquelles plus tard on
prendra l'offensive. Tel fut son premier ordre.

**Journées des 27 et 28 mars.** — Néanmoins, les Allemands
au Sud avançaient à grands pas, et les journées du 27 et du 28
furent les plus angoissantes parmi toutes celles de cette crise si
fertile en émotions : bien que le massif de Lassigny fût perdu, la
3ᵉ armée constituait déjà de ce côté une barrière solide; mais à
gauche, Montdidier tombait aux mains de l'ennemi, le 27 au soir,
et un trou d'une dizaine de kilomètres, vide de toutes troupes,
s'offrait à lui pour s'y engouffrer : le front distendu à l'extrême
s'était déchiré entre la 3ᵉ armée française et la 1ʳᵉ à peine en
constitution. Heureusement, l'ennemi l'ignora, et ce fut notre
salut. D'ailleurs, il était à bout de souffle, et le lendemain la
brèche était aveuglée.

Pendant ce temps, au Nord, les divisions du 36ᵉ C.A., amenées
de Dunkerque et qui commençaient le 27 à débarquer à Amiens,
permettaient déjà à l'armée Debeney d'assurer solidement sa
liaison avec la droite britannique (18ᵉ et 19ᵉ C.A. de la 5ᵉ armée),
et la situation présentait moins d'inquiétude.

**La poussée des 30 et 31 mars.** — *Le 28 fut donc le jour cul-
minant de la bataille*, et le 29 il y eut une accalmie. Mais du 30 mars
au 1ᵉʳ avril, la lutte se ranima violente, sur un front de plus de
40ᵏᵐ, depuis la Luce jusqu'à Lassigny, et aussi au nord d'Arras,
et l'ennemi, par un assaut acharné et ultime, chercha à atteindre
la voie ferrée de Beauvais à Amiens, en même temps qu'à s'ouvrir
les routes du Sud qui lui avaient été fermées à Noyon.

Sur certains points, Anglais et Français furent encore con-
traints de reculer, mais non sans arrêter l'ennemi par de brillantes

contre-attaques : la crête de Vimy, Moreuil, Orvillers, Plessis-de-Roye, Le Plémont furent le théâtre de combats épiques. Mais dans l'ensemble la situation a pu être maintenue : les divisions de renfort sont arrivées et avec elles les régiments d'artillerie lourde; l'armée Debeney a commencé à se constituer, les tranchées se sont creusées çà et là et les routes de l'Ouest et du Sud-Ouest ont été barrées à leur tour.

« La résistance ennemie, a écrit Ludendorff, s'affirmait supérieure à notre capacité offensive. Le Commandement suprême se vit donc contraint à prendre une résolution véritablement pénible : on arrêta définitivement l'attaque sur Amiens. » C'est l'aveu de l'échec.

**Le déclin de la bataille (1er-9 avril).** — Néanmoins, la situation va rester quelque temps encore tendue dans ces régions, et après avoir soufflé quelques jours pour amener ses ravitaillements, reconstituer ses forces et avancer en ligne des divisions fraîches, l'ennemi va faire encore de nouvelles tentatives :

*Au nord de Montdidier, le 4 avril,* avec 25 divisions opposées à 13 alliées, il attaque depuis Grivesnes jusqu'à la Somme avec une grande violence : les Britanniques reculent jusqu'aux abords de Villers-Bretonneux et nous perdons Mailly-Raineval, mais de violentes contre-attaques arrêtent au delà la progression ennemie, et les Allemands, le lendemain, ne peuvent soutenir leur effort.

*A l'est de Noyon,* au sud de Chauny, notre ligne, en se raccordant avec l'ancien front, formait un saillant prononcé, que les Allemands attaquèrent en forces à partir du 6 avril, pour tenter de déborder à notre droite la barrière Montdidier-Noyon.

Sous la poussée ennemie, du 6 au 9 avril, nous reportâmes nos lignes sur des positions préparées le long du canal de l'Ailette, et au sud de la Basse Forêt de Coucy, mieux dans l'alignement de notre nouveau front de l'Ouest. Cette rectification prévue, au delà d'une région marécageuse, ne fournit à l'adversaire aucun des avantages qu'il pouvait espérer, malgré les pertes importantes qu'il subit de ce chef.

En résumé, l'ennemi avait encore échoué dans sa nouvelle tentative vers Amiens, et c'est désormais plus au Nord, qu'il allait chercher la décision.

**Conséquences de la bataille de Noyon-Montdidier et résultats.** — A cette date du 9 avril, on peut considérer comme terminée la première phase de la grande offensive allemande du printemps.

Profitant, en résumé, de la soudaineté et de la puissance de son attaque massive, l'ennemi a obtenu certes un succès tactique indéniable : il a capturé 70 000 prisonniers et plus de 1000 canons, ainsi qu'un butin considérable; il a fait tomber les lignes de la Somme, et creusé dans notre front une poche profonde de $60^{km}$, qui le rapproche considérablement de Paris et de la mer; enfin, il tient sous son feu la grande artère ferrée Paris-Calais; ce qui, au moment où l'axe de la bataille se déplace vers les Flandres, va gêner énormément les rocades de nos réserves.

Mais néanmoins, de l'aveu même de Lüdendorff, au point de vue stratégique, sa déception est grande; les résultats obtenus ne répondent pas à ses espérances des premiers jours, et après avoir déchaîné trop tôt l'enthousiasme populaire, la presse allemande est dans l'obligation d'opérer une retraite prudente. La résistance anglaise des derniers jours et l'héroïsme de nos troupes ont finalement enrayé sa ruée, et selon le mot du Grand Chef des Alliés : « *Le flot a expiré sur la grève.* »

Les Armées françaises et britanniques sont à nouveau bien soudées, et nous possédons toujours le nœud de communications important d'Amiens. Quant aux pertes des Allemands, qui ont prodigué sans compter leurs divisions, elles ont été, avouent-ils, considérables.

Enfin de la crise douloureuse a surgi le remède pour l'avenir : *l'unité de commandement est née chez les Alliés* et, désormais, l'Entente a un Chef. *La Conférence de Beauvais* du 3 avril a complété l'acte de Doullens, en confirmant et augmentant les pouvoirs du général Foch qui, de *coordinateur*, devient maintenant *directeur* des opérations militaires sur le front de France. Dans moins d'un mois, la conférence d'Abbeville étendra son action à tous les fronts.

**Rôle des troupes, des États-Majors, des chemins de fer.** — Le rétablissement miraculeux opéré du 21 mars au 1ᵉʳ avril, la belle et héroïque conduite du Groupement Pellé, lancé un des premiers dans des conditions si critiques, pour soutenir la droite anglaise en désarroi, la ténacité et l'énergie des 1ʳᵉ et 3ᵉ armées françaises qui, sous la direction du général Fayolle, ont barré à l'ennemi la route de Paris, puis celle d'Amiens, resteront une des pages les plus émouvantes de la grande guerre.

L'Histoire dira plus tard, en détails, l'héroïsme de nos troupes, fourbues par des voyages en camions de plus de 24 heures, jetées dans la mêlée, bataillon par bataillon, au fur et à mesure de leur débarquement, souvent sans artillerie, sans convois; elle dira aussi l'énergie superbe de nos Alliés, se repliant avec un sang-froid digne de la force d'âme britannique et venant, pour se battre encore, se ranger spontanément sous les ordres de nos chefs. Elle dira enfin les heures dramatiques et angoissantes qu'ont vécues les États-Majors, debout plus de 10 jours et de 10 nuits, sans cesse préoccupés du trou à boucher dans la ligne mouvante, et de la fissure à aveugler, suppléant à l'infériorité de nos forces par une souplesse prodigieuse dans leur utilisation.

Mais dans cette collaboration absolue à tous les degrés de la hiérarchie, de toutes les forces vives, de toutes les armes, de tous les services et de tous les États-Majors agissant à plein, il est juste de signaler *le rôle capital joué par les services des transports*, et la façon magistrale dont ils s'en sont acquittés, pour réaliser dans ces heures critiques les conceptions du Commandement.

Le 21 mars, en arrière du front attaqué, il ne se trouvait aucune unité française : quelques-unes, ainsi qu'on l'a vu, étaient à proximité de la droite britannique, mais la majeure partie d'entre elles se trouvaient en Champagne, à Verdun, en Lorraine où il fallait également nous tenir sur nos gardes. Les premiers succès de l'ennemi sont foudroyants, la soudure franco-anglaise risque de se rompre, Paris et Amiens sont menacés et la situation peut devenir très grave si nos réserves n'interviennent pas rapidement.

Et cependant, le 31 mars, l'Allemand est arrêté, un groupe d'armées a été concentré, 30 divisions et plus de 20 régiments d'artillerie lourde ont pu être jetés dans la bataille; résultat remarquable, qui dépasse encore les prouesses de Verdun, et qui est dû à la parfaite exécution et à l'excellente organisation de nos transports.

Devant la rapidité de la progression ennemie, il ne fut plus possible d'assurer l'application intégrale des plans de transport prévus et étudiés à l'avance; les zones de débarquement, loin d'être immuables, furent sans cesse variantées; enfin les Allemands, n'ignorant pas l'intervention à bref délai de nos réserves, firent tous leurs efforts pour retarder leur arrivée à l'aide de leur aviation de bombardement, dont les barrages violents sur les points délicats, les nœuds de communication et les grandes gares de nos réseaux (Creil, Chantilly, Amiens, Longueau, Châlons, etc.) y causèrent des dégâts assez sérieux pour arrêter la circulation pendant plusieurs heures.

Malgré toutes ces difficultés, grâce à l'effort intensif du service des chemins de fer, à la maîtrise et à l'ingéniosité des officiers qui en avaient la direction, au sang-froid et au calme de la troupe et du personnel, les forces purent toujours être amenées à temps voulu, et les débarquements par voie ferrée, aussi bien que ceux par autos, être opérés à proximité immédiate de l'ennemi, et même sous son feu.

A ces transports de troupes françaises proprement dites, il fallut ajouter ceux des munitions, ceux des évacuations, le regroupement des forces anglaises nombreuses, restées isolées dans notre nouvelle zone, et le transport de celles d'Italie. Et l'on se rendra compte de l'intensité de l'effort fourni, en songeant que journellement il circula, dans la zone du G.A.R., une moyenne de

150 trains dans chaque sens et de 2000 camions. Le maximum du trafic fut atteint le 31 mars, avec 180 trains et 3000 camions.

Ces chiffres montrent éloquemment la part glorieuse des transports dans l'immense bataille.

**Premières mesures du Commandant en chef.** — Mais la bataille ne fait que commencer; l'ennemi peut chercher la décision ailleurs, vers Arras ou Ypres; et maintenant que la situation du groupe d'armées Fayolle est à peu près établie, le premier souci du Commandant en chef va être *de se constituer des masses de manœuvre, pour prendre ultérieurement l'offensive* en vue de dégager Amiens et de nous rendre la libre disposition de nos communications avec le nord de la France.

Déjà, le 30 mars, *l'État-Major de la 5e armée (général Micheler)*, retiré du secteur de Reims, a été transporté à Méru (sud de Beauvais) pour grouper sous ses ordres de nouvelles divisions retirées d'autres parties du front, et les tenir prêtes à agir soit vers Amiens, soit vers Montdidier.

Puis, le 3 avril, *l'État-Major de la 10e armée (général Maistre)* est rentré d'Italie. Il est destiné à former, au nord de Beauvais, une autre masse de manœuvre prête à agir en arrière du front anglais.

Enfin, on fait appel aux *divisions américaines*, dont le général Pershing dès le 25 mars a si généreusement offert le concours au général Pétain : « Infanterie, artillerie, aviation, tout ce que nous avons est à vous », lui a-t-il dit.

Sur les 4 divisions constituées déjà en France, trois vont aller dans des secteurs calmes, relever des divisions françaises; quant à la 1re *DI.U.S.* déjà en secteur depuis la fin de janvier, elle va être appelée à la bataille, et bientôt, au nord de Montdidier, elle se piquera de montrer à l'ennemi la valeur de ses jeunes troupes et leur solidité.

En résumé, au 7 avril, les 5e et 10e armées sont constituées (soit ensemble 12 DI.), indépendamment du G.A.R. (1re et 3e armées) qui dispose lui-même de 28 DI. pour mener la lutte entre la Somme et l'Oise.

A ce moment donc, 40 divisions, c'est-à-dire presque la moitié de l'armée française, ont été acheminées vers la bataille. Il a fallu pour cela retirer du front entre l'Oise et la Suisse 25 pour 100 des divisions, 11 États-Majors de C. A. et 2 États-Majors d'armée.

Telle est l'importance des dispositions prises : Tout en ayant permis de secourir les Anglais dans la période critique du 21 au 30 mars, elles devançaient les événements, puisque grâce à elles le Commandant en chef des Alliés allait pouvoir arriver à temps sur la route de Calais pour parer à la nouvelle offensive allemande.

## II. — L'OFFENSIVE DU 9 AVRIL.

### Bataille du Kemmel.

**Nouveaux projets allemands.** — Après son insuccès du 4 avril, l'État-Major allemand avait arrêté définitivement l'offensive en direction d'Amiens, et décidé de porter un nouveau coup à l'armée britannique dans la plaine de la Lys, opération étudiée depuis longtemps et que n'avait cessé de préparer le kronprinz de Bavière.

Le but qu'il se proposait était de s'emparer des *Monts de Flandre* qui dominent toute la plaine, et de provoquer, par leur possession, l'évacuation des positions de l'Yser.

L'occasion était propice : le temps était au sec, et les Anglais s'étaient affaiblis fortement dans ce secteur; les 12 divisions qu'ils avaient été obligés d'en retirer pour alimenter la bataille de Picardie avaient été renforcées par d'autres, fatiguées et usées sur la Somme; en outre, immédiatement au sud d'Armentières, étaient intercalées deux DI. portugaises, encore peu instruites de la guerre moderne, et contre lesquelles une attaque puissante par surprise avait toutes chances de réussir.

Pour cette attaque nouvelle qu'allaient mener concurrem-

ment la IVᵉ armée (Sixt von Armin) au nord d'Armentières,
et la VIᵉ (von Quast) au sud, l'État-Major allemand concentra
27 divisions (dont 6 en réserve), en agissant surtout par prélève-
ment sur les fronts de la Flandre du Nord et de Lens, devant
lesquels on ne laissa qu'un rideau. Lüdendorff, songeant à l'avenir,
ne voulut distraire que 5 unités de sa réserve générale.

**L'offensive sur la Lys, du 9 au 11 avril.** — Menée dans des
conditions tactiques tout à fait analogues à celles du 21 mars,
l'attaque se déclencha le 9 avril, par un brouillard intense également, sur le front de 15ᵏᵐ tenu, du sud d'Armentières à Givenchy, surtout par les divisions portugaises que le général Haig
se disposait précisément à relever le lendemain.

Celles-ci, totalement surprises, submergées par le nombre,
furent d'emblée repoussées jusqu'à La Lys, où des divisions
anglaises purent momentanément arrêter l'ennemi.

Au Sud également, les troupes britanniques le continrent aisé-
ment sur la ligne Givenchy-Festubert, qu'il ne dépassera plus
guère par la suite.

*Le lendemain* 10 *avril*, l'attaque s'étend au Nord jusqu'au
saillant d'Ypres : la IVᵉ armée à son tour entre en ligne, s'empare
de Messine et déborde Armentières que nos Alliés évacuent. Au
Sud, la VIᵉ armée fit peu de progrès au delà de La Lys et de son
affluent, la Lawe.

*Le* 11, la progression ennemie s'accentue en éventail, se déve-
loppant surtout en direction de Neuve-Église et de *Bailleul*, et
vers celle de Merville qui est pris.

La bataille commence donc à prendre une tournure inquiétante :
le saillant d'Ypres, débordé par le Sud, menace de succomber
bientôt de lui-même : Béthune et ses charbonnages sont déjà
sous le canon ennemi, et l'occupation de la forêt de Nieppe peut
compromettre gravement le nœud important d'Hazebrouck.

Le maréchal Haig croit d'abord à une puissante diversion de
l'ennemi, dont il persiste à attendre l'effort principal sur Arras,

maïs cette avance rapide en direction du littoral augmente sa
perplexité.

**L'intervention française est décidée par le général Foch.**
— Accouru sur les lieux, le général Foch, devant l'inquiétude
du Commandement anglais et la pénurie de ses réserves déjà
bien entamées par les opérations de mars, se décide en faveur
de l'intervention française.

Le point capital, selon lui, est d'empêcher l'ennemi de prendre
pied sur cette *chaîne des Monts de Flandre*, longue ligne de collines (*Kemmel*, Mont-Rouge, Monts des Cats, Butte de Cassel)
qui court de l'Est à l'Ouest, et dont l'importance, par le commandement qu'elle procure sur toute la grande plaine du Nord,
ne lui a pas échappé en 1914, lors de la bataille d'Ypres.

Tout en invitant le maréchal Haig à *tenir d'abord* coûte que
coûte, il prend en conséquence les premières dispositions sui-
vantes :

1º *Le 2ᵉ corps de cavalerie* (2ᵉ C.C., général Robillot, 2ᵉ, 3ᵉ,
6ᵉ D.C.), concentré à gauche de la 10ᵉ armée dans la région de
Neufchâtel, reçoit l'ordre de se porter dès le 12 à marches forcées
sur Saint-Omer ([1]).

2º *Deux divisions de la 5ᵉ armée*, la 133ᵉ et la 28ᵉ (qui vient
d'Alsace et doit débarquer à Beauvais), sont acheminées par voie
ferrée vers la même région.

3º *Enfin la 10ᵉ armée*, une des masses de manœuvre, se portera
au nord d'Amiens, ses têtes de colonne le 13 à hauteur de Doullens, prête au besoin à agir vers Arras ou vers Amiens, mais aussi,
réservoir de forces à sa portée, pour y puiser rapidement des renforts à destination du Nord s'il en est besoin.

---

([1]) Le 2ᵉ C.C. était vers midi, le 15, dans la région de Saint-Omer, ayant parcouru 180ᵏᵐ depuis le 12 avril midi, et couvert 105ᵏᵐ dans les premières 24 heures.
C'est une performance remarquable qu'il renouvellera d'ailleurs par la suite.

**La bataille sur la Lys du 12 au 15 avril.** — Les attaques allemandes se poursuivent sans relâche en direction de Bailleul et des Monts de Flandre, malgré la résistance de plus en plus acharnée des Anglais dont les renforts commencent à affluer. Pressés de toutes parts, nos alliés doivent abandonner successivement Neuve-Église qu'ils avaient repris le 13, puis Vieux-Berquin et Bailleul le 15.

La situation est telle que le Commandement fait préparer l'évacuation du saillant d'Ypres fortement compromis et le repli sur les anciennes lignes : Merckem, Zillebeeke, Wornezeele.

Le général Foch, qui se rendait compte de l'envergure de l'action entreprise par les Allemands en direction d'Hazebrouck et Saint-Omer, estima qu'il fallait à tout prix enrayer leur progression par une intervention énergique, tout en évitant cependant d'engouffrer trop de forces françaises dans cette région, au détriment de la solidité du reste de notre front.

La 10e armée reçut l'ordre de s'échelonner au nord de Doullens, et de se tenir prête à envoyer de nouvelles unités. En même temps, pour créer aux Anglais quelques disponibilités, le général Foch sollicitait des Belges l'extension de leur front de quelques kilomètres à l'Est; enfin il invitait le maréchal Haig à tenir ferme et à défendre pied à pied les abord des Monts de Flandre, en attendant l'intervention des troupes françaises qu'il allait porter à son secours.


**Création du détachement du Nord (D.A.N., 17 avril).** — Jusqu'au 18, l'ennemi, arrêté à la lisière ouest de la forêt de Nieppe, redoublait ses efforts entre Bailleul et Ypres, acculant nos Alliés au pied des Monts, et les forçant à évacuer le saillant, conformément à leurs prévisions. Mais, à son grand étonnement, les contingents français vinrent, comme au 21 mars, lui barrer la route, et ses assauts se brisèrent contre la résistance héroïque de nos 28e et 133e DI., et de nos cavaliers qui étaient venus étayer les rangs des Anglais.

Plus au Nord également, il tâtait le front belge entre Mercken et la forêt d'Houthulst, et laissait 65o prisonniers aux mains de la vaillante petite armée.

Devant l'épuisement des Anglais, le général Foch décide de les relever complètement dans le secteur le plus délicat et le plus important, celui des Monts.

*Un détachement d'armée du Nord (D.A.N)* est formé sous les ordres du *général de Mitry* (commandant le 6e C.A.) qui a combattu dans la région, en 1914, à la tête d'un corps de cavalerie : il sera sous les ordres du général Plümer, commandant la 2e armée W., et comprendra d'abord, outre le 2e C.C., les deux DI. déjà à pied d'œuvre (28e et 133e) et trois autres envoyées d'urgence par la 10e armée en camions autos.

Bientôt ce détachement d'armée absorbera 9 à 10 divisions. *Avec la 10e armée* à hauteur d'Arras, *la 5e* dans la région sud d'Amiens et de Beauvais, le Haut Commandement est prêt à faire face à toute intervention ennemie entre la mer et Montdidier.

En échange du concours que nous lui apportions, le maréchal Haig consentait à l'emploi des divisions anglaises fatiguées dans les secteurs calmes du front français.


**La bataille du Kemmel (25 avril-1er mai).** — Du 19 au 24, une accalmie règne dans la bataille : les Allemands ont besoin d'organiser leurs ravitaillements après cette avance rapide, et d'amener de nouveaux renforts pour la nouvelle poussée qu'ils méditent : engagés dans cette grande cuvette dont le fond est à Hazebrouck, et dont les bords sont constitués au Sud par les collines d'Artois, sur l'alignement Saint-Omer-Aire-Béthune, au Nord par les Monts de Flandre qui tiennent sous leurs feux, par leurs sommets orientaux, toutes les lignes d'Armentières et de Wytschaête, la possession des Monts de Flandre leur est désormais indispensable.

Ils ont donc résolu d'enlever le *Mont Kemmel* dont la pyramide tronquée domine de ses observatoires toute la plaine flamande. Pendant 5 jours ils amènent une énorme artillerie et des gros mortiers autrichiens, et constituent une masse d'attaque de

5 divisions d'élite, dont le corps alpin bavarois, ramené depuis quelque temps du Tyrol.

C'est le choc de cette masse que vont héroïquement recevoir deux de nos divisions (28e et 154e); pendant ces quelques jours de répit, le D.A.N. a relevé les Anglais entre Meteren (3km ouest de Bailleul) et le Kemmel (inclus) soit sur 10km à 12km. A l'Est, la 28e DI. tient le Mont Kemmel, en liaison au Nord avec la 9e D.W. La 154e devant Dranoutre barre le ravin de Hollebeeke, la 34e et la 133e constituent notre droite, mais seront en dehors de la bataille du Kemmel.

Une 5e division est en train de débarquer près de Saint-Omer (39e), et les cavaliers sont en réserve sur les Monts.

*Le 25 avril,* après une préparation d'artillerie courte et formidable à obus toxiques, et qui dépassa tout ce qu'on avait vu à Verdun, l'attaque, accompagnée de masses d'avions semant la terreur et la mitraille, se déclencha par une brume épaisse sur le Mont Kemmel, qu'elle chercha à déborder par le Nord et le Sud.

*Au Nord,* le repli de la 9e D.W., qui est rejetée peu à peu vers l'Étang de Deikebusch, rend bientôt précaire la situation du régiment qui défend vaillamment le village du Kemmel.

*Au Centre, le 30e régiment de la 28e DI.,* qui a reçu la consigne de tenir coûte que coûte, submergé par le nombre, est rompu, et un corps à corps acharné le décime sur le sommet de la colline bouleversée, que les contre-attaques du régiment en réserve ne peuvent décidément reconquérir.

*Au Sud,* le corps alpin bavarois déborde la gauche de la 154e DI. et gagne, par le vallon du Hollebeeke, la zone de nos batteries, que les artilleurs défendent sur place avec héroïsme ou détruisent. *Le village de Locre,* atteint dès 9h du matin, passe de mains en mains et finalement reste en notre possession.

La manœuvre des Bavarois décidait, en faveur de l'ennemi, du succès de la journée : l'héroïque 28e division, complètement décimée et réduite à 2 bataillons à peine que viennent renforcer nos cavaliers pied à terre, se replie sur le Scherpenberg et la

Clytte, en liaison avec la 154e à droite qui a conservé Locre et la 9e D.W. à gauche, qui a toujours gardé Wormezeele.

Les 26 et 27 avril, la 39e DI., à peine débarquée, essaya vainement de reprendre la position perdue.

Nos pertes étaient lourdes et nous avions laissé à l'ennemi 6000 prisonniers et 50 canons. Mais l'adversaire, à bout de souffle, était incapable de poursuivre son effort. Le 29, il tentera bien encore une attaque sur 14$^{km}$ de front, de Locre jusqu'à Ypres, mais ce sera un échec sanglant : à ce moment, de nouvelles divisions françaises sont entrées en ligne et ont permis à nos alliés d'en récupérer quelques-unes.

Ensuite, la lutte, malgré les combats épiques dont l'hospice de Locre sera le théâtre, va s'éteindre progressivement au milieu de mai. Mais, dès le 1$^{er}$ mai, on peut considérer comme close la bataille de La Lys et du Kemmel, car à cette date l'État-Major allemand, en présence du renforcement des troupes françaises, renonce à engager une bataille d'usure, et se décide de nouveau à arrêter les frais.

**Nouvelle poussée allemande sur Amiens.** — Tandis que l'axe de la bataille s'était déplacé vers le Nord, nos ennemis n'avaient pas tout à fait abandonné leur but principal, *Amiens* et la voie ferrée Amiens-Paris, artère principale des communications franco-britanniques. Mais l'ampleur inattendue de l'affaire des Flandres, et d'autre part l'obligation de reconstituer les unités décimées, le ralentissement des transports, la supériorité de notre artillerie et le travail incessant de notre aviation avaient imposé une trève à l'adversaire.

Dans ces conditions, nous avons pu prévenir le nouvel effort des Allemands, attaquer avant eux, et lorsque, le 24 avril, s'est produite la nouvelle poussée sur Amiens, l'ennemi, d'abord contenu, a reperdu la majorité de son gain.

**Attaque de la 1$^{re}$ armée française (18-19 avril).** — Dans la première semaine d'avril, le front s'était à peu près stabilisé au sud de la Somme. Mais le général Foch, soucieux de voir dégager Amiens, n'avait cessé pendant la bataille des Flandres de recommander au groupe d'armées du général Fayolle (G.A.R.) d'avoir une attitude aggressive, et de procéder à des offensives partielles, ayant pour but de refouler l'ennemi sur l'Avre, et de prendre pied sur le plateau à l'est de Moreuil, en liaison au Nord avec la IVe armée britannique.

Conformément à ces instructions, la 1re armée (Debeney) avait attaqué, le 18 avril, dans la portion du front à cheval sur l'Avre, depuis Thennes au Nord, jusqu'à Mailly-Renneval au Sud. L'opération, habilement conduite, nous permit de reprendre le bois Senecat et la cote 63 au nord de l'Avre, assurant ainsi notre situation dans un secteur particulièrement important pour l'ennemi, au moment où celui-ci se préparait à une nouvelle tentative sur ce front.

**L'attaque allemande vers Amiens et la contre-attaque alliée (24-26 avril).** — Les Allemands vont s'attaquer à la soudure franco-britannique dans le but de progresser vers Amiens ou tout au moins de s'emparer de Villers-Bretonneux, position d'où ils domineront directement la ville et le nœud de voies ferrées de Longueau.

Après un bombardement violent qui dura 6 heures, leur attaque puissante se déclencha le 24 avril, menée par 12 DI. sur un front de 15km depuis le nord de Villers-Bretonneux jusqu'à Rouvrel à l'ouest de Moreuil.

*Au Sud*, notre ligne se maintint intégralement malgré les efforts répétés des Allemands, sauf à l'est du village d'Hailles où elle recula très légèrement.

*Au Nord*, l'ennemi s'empara de Villers-Bretonneux défendu par les Anglais et, après une lutte acharnée où il passa de mains en mains, conserva définitivement le bois de Hangard.

Il importait au plus vite de chasser les Allemands des positions dominantes qu'ils venaient de conquérir entre la Somme et la

Luce : tel fût le but de la contre-attaque montée de concert entre les États-Majors français et britannique.

*Le* 26, les Alliés reprenaient l'offensive depuis Villers-Bretonneux jusqu'à la Luce ; le combat fut acharné et se prolongea jusqu'à la nuit non sans lourdes pertes pour nous : mais les Anglais purent reprendre Villers-Bretonneux et nous reprîmes la position dite « du Monument » ainsi que le bois de Hangard qui fut le théâtre de luttes particulièrement acharnées et contre lequel les Allemands relancèrent jusqu'à sept fois leurs colonnes à l'assaut. Ainsi l'ennemi avait reperdu la majeure partie de ses gains du 24 avril.


### III. — LA SITUATION EN MAI 1918.

**Résultats et conséquences de la dernière offensive allemande du 9 avril.** — Ainsi la France avait encore une fois de plus sauvé la partie dans les plaines de Flandres : au Kemmel, comme déjà à Noyon, à Montdidier, et devant Amiens, l'ennemi avait trouvé devant lui nos « bleus poilus » fraternellement unis aux soldats britanniques, et loin d'avoir séparé les armées alliées, les offensives allemandes les avaient soudées matériellement et moralement, plus solidement que jamais.

Une seconde fois encore, la contre-manœuvre rapide et pleine de souplesse du Commandant en chef des Armées alliées avait, au dernier moment, déjoué les desseins allemands et contrecarré la brutale offensive de Lüdendorff.

Celui-ci donc n'avait atteint aucun de ses grands desseins, ni l'écrasement des Anglais, ni la rupture entre Anglais et Français, ni Amiens, ni la mer. Au cours de ses deux tentatives, les pertes de l'ennemi avaient été lourdes et il avait dû engager 152 divisions différentes ; il lui fallait reprendre haleine, retirer à l'arrière ses unités décimées pour les reformer et les réentraîner avant de les jeter à nouveau dans la mêlée. Néanmoins, il avait encore des ressources et, au 7 mai, sur *un total de* 206 *divisions en France*, il en possédait encore 70 *en réserve* (dont 42 entièrement fraîches[1]).

Mais depuis le 21 mars, la bataille avait aussi coûté fort cher aux Alliés, qui, outre leurs pertes dues au feu, avaient laissé aux mains de l'ennemi un butin considérable, 125 000 prisonniers et 1600 canons. Ils avaient perdu en terrain les gains de deux années ; les mines de Bruay, ce qui allait encore augmenter la crise déjà grave du charbon, étaient sous le canon ennemi, ainsi que nos nœuds ferrés importants d'Hazebrouck et d'Amiens. Deux poches profondes creusées dans notre front dessinaient à Arras un saillant qui pouvait bientôt devenir pour l'adversaire une proie tentante ; et en outre de nouvelles forces étaient désormais immobilisées à la défense du littoral.

**Les réserves alliées au 25 mai.** — Mais de toutes les questions, la plus grave pour les Alliés, était celle de leurs effectifs et de leurs disponibilités, et le souci de pouvoir « durer » jusqu'à l'intervention efficace des Américains. Sans doute, quelques unités étaient rentrées d'Italie (4 DI. françaises et 2 DI. anglaises), et au 25 mai, sur l'ensemble de leurs 184 *divisions*, ils en avaient 67 *en réserve*. Mais ces chiffres écrits sur le papier ne représentaient pas tout à fait la réalité des choses :

D'une part, l'armée anglaise avait dû engager 53 divisions à la bataille sur 61, dont quelques-unes plusieurs fois. Sous peu, cinq à six d'entre elles, absolument usées et décimées, allaient être dissoutes ; c'était assez dire que l'armée anglaise était, pour le moment, incapable de subir un nouvel effort. Les deux unités portugaises également, très réduites et désorganisées, n'entraient plus en ligne de compte.

L'armée française d'autre part, avec ses 103 divisions (99 au 21 mars, 4 rentrées d'Italie), avait dû augmenter son front de 95$^{km}$ pour s'étendre jusqu'à la Somme, et alimenter la bataille lointaine et excentrique du Kemmel : celle-ci lui avait coûté

---

(1) Le 25 mai, sur 207 DI. en France, il en aura 81 en réserve.

de très lourdes pertes, et, pour un temps encore, lui absorbait environ 10 divisions.

Elle n'avait plus que 38 DI. en réserve dont 25 fraîches, et encore celles-ci étaient-elles toutes ou presque en arrière du front Ouest, de Noyon à la mer, au grand détriment des autres secteurs, dégarnis à l'extrême.

Dans ces heures critiques, il fallut donc faire appel au concours des Alliés : quelques divisions anglaises fatiguées vinrent, au milieu de mai, tenir des secteurs calmes du front de Champagne; de même un corps italien (¹) débarqué à Mailly vint tenir les lignes à l'ouest de Verdun. Dès la fin d'avril, la 1ʳᵉ division américaine (1ʳᵉ DI.U.S.) était prête à s'engager à la bataille au nord de Montdidier; les trois autres, déjà constituées, allaient à leur tour être appelées dans la lutte. Enfin, acceptant l'offre généreuse et spontanée du général Pershing, le Commandement renforça certaines divisions françaises par des quatrièmes régiments entièrement américains et non encore endivisionnés.

**Les débarquements américains.** — D'ailleurs, l'enthousiasme pour la guerre n'avait cessé depuis la grande ruée allemande de gagner aux États-Unis toutes les classes de la nation, et des efforts immenses étaient faits pour hâter, grâce au concours de la flotte britannique, l'arrivée en Europe de nouveaux et plus nombreux contingents : de 48 000 hommes par mois en février, les débarquements étaient passés à plus de 100 000 en avril; en mai ils allaient atteindre 250 000 et dépasser plus tard encore ce chiffre. Ce qu'il fallait, c'était des hommes, de l'infanterie; pour le reste, la France se chargeait de fournir instructeurs, chevaux et canons. On pouvait donc escompter pour la fin de juillet l'intervention efficace des grandes unités américaines dans la grande bataille. Mais d'ici là il fallait pouvoir durer, et faire face énergiquement à l'ennemi, problème angoissant qui préoccupait à juste titre le commandement, et qui cependant, au mois de mai,

______

(¹) Offert spontanément par l'Italie qui désirait garder 2 DI. françaises.

n'en était pas encore arrivé à son maximum d'acuité, comme devaient nous le prouver les événements ultérieurs.

**La Conférence d'Abbeville (2 mai) et les directives du général Foch.** — Et cependant quelque intérêt qu'il ait à attendre puisque le temps travaille pour lui par l'afflux incessant de nos Alliés d'Amérique, le Haut Commandement dans ces heures critiques, maintenant que le premier péril était conjuré, ne songea plus qu'à prévenir par ses propres offensives un nouveau choc des Allemands.

Et à peine a-t-il vu la *Conférence d'Abbeville du 2 mai* étendre ses pouvoirs de direction à tout le front occidental d'Europe (y compris celui d'Italie), que le général Foch en profite pour inviter tous les grands chefs militaires de l'Entente à reprendre l'initiative des opérations, qui seule permettra de terminer victorieusement la bataille.

En même temps donc, que le général Diaz était pressé de préparer à bref délai une offensive sérieuse, des opérations combinées devaient être étudiées par les armées anglaise et française, en vue du dégagement des charbonnages de Bruay et de la région d'Ypres, et d'autre part en vue de celui d'Amiens et de la voie ferrée Paris-Calais. Ces différentes actions étaient prévues pour les premiers jours de juin.


## IV. — L'OFFENSIVE DU 27 MAI.

### La poche de Château-Thierry.

**Plans allemands** — La conquête du Kemmel, par le prix qu'elle avait coûté, démontrait suffisamment à Lüdendorff l'inanité de nouvelles attaques en ces régions. Il fit donc arrêter l'offensive des Flandres, et étudia aussitôt le point nouveau où il allait frapper les Alliés. Plus que nous encore, il était pressé d'agir, car n'ignorant pas la « vitesse surprenante » avec laquelle, malgré la guerre sous-marine, affluaient en France les contingents américains, il n'avait pas de temps à perdre s'il voulait garder l'initiative des opérations.

La situation de ses réserves, en position centrale dans la région Hirson-Mézières, au centre du vaste demi-cercle Reims-Montdidier-Lille, lui permettait de frapper avec une égale rapidité dans les Flandres, en Artois ou en Champagne.

*Dans les Flandres*, bien que stratégiquement cette direction fût la meilleure, et vu la proximité de la mer, la plus féconde en résultats, il fallait y renoncer pour le moment du moins; d'ailleurs les communications y étaient encore insuffisamment développées.

*En Artois ou en Picardie*, le terrain dévasté de la Somme offrait peu de protection aux travaux d'attaque, et l'ennemi, de ce côté, était encore en forces.

*Sur l'Aisne, au contraire*, devant les VII$^e$ et I$^{re}$ armées, les Français n'avaient laissé que peu de monde, et en arrière ils ne disposaient que de maigres réserves. Certes, les difficultés du terrain y étaient considérables, mais non point supérieures à celles de la montagne italienne, lors de l'attaque sur Caporetto en octobre 1917. Tout était affaire de moyens d'artillerie.

C'est donc là qu'il fit son choix : le kronprinz fut chargé d'étudier une offensive entre Pinon et Reims, et dès le début de mai, on s'en tint au projet suivant :

1$^o$ Attaque principale menée par les VII$^e$ et I$^{re}$ armées entre Anizy-le-Château et Berry-au-Bac, en direction de Soissons et Fismes;

2$^o$ Extension de cette attaque à l'est en franchissant le canal de l'Aisne;

3$^o$ Attaque de la XVIII$^e$ armée à l'ouest de l'Oise, en direction de Compiègne;

4$^o$ Continuation ultérieure de l'attaque des Flandres, lorsque l'ennemi aura été usé suffisamment sur l'Aisne.

*Mais toutes ces offensives ne se feront que successivement, l'insuf-*

fisance des disponibilités en artillerie, dont une grosse partie est encore pour un temps immobilisée sur la Lys, ne permettant pas la simultanéité des opérations sur un front aussi vaste.

On procéda aussitôt au changement de position des moyens d'attaque, au transport et au stockage des munitions, à la relève des divisions fatiguées, à l'entraînement des renforts, à l'instruction nouvelle de la troupe d'après l'expérience des derniers combats.

Tous ces préparatifs, malgré l'activité qu'on y déploya, demandèrent un temps relativement considérable, et ne purent être terminés que vers le 20 mai.

**La collaboration autrichienne.** — Un moment, Lüdendorff avait songé à renforcer l'armée allemande de quelques divisions autrichiennes, mais leur médiocre capacité offensive lui fit abandonner ce projet. Une attaque, en Italie même, lui parut susceptible de soulager davantage le front occidental; d'ailleurs un succès important de l'Autriche raffermirait assez l'autorité de Charles I$^{er}$ pour lui permettre de surmonter les difficultés inextricables qui grandissaient à l'intérieur de son Empire; en outre, en cas d'échec grave en Italie, Français et Anglais devraient envoyer de nouvelles troupes au secours de leurs Alliés, ce qui favoriserait d'autant les opérations sur le front français.

En échange d'une promesse de ravitaillement de l'Autriche, la collaboration immédiate du « brillant second » fut acquise à l'entrevue du 12 mai, entre les deux Empereurs, au Quartier général allemand, et l'opération austro-hongroise en Italie décidée pour la première semaine de juin.

**Situation française sur le front de l'Aisne le 26 mai.** — Plus encore que pour l'attaque du 21 mars, l'ennemi avait multiplié les précautions et gardé le secret, de sorte qu'à la veille même de l'offensive, nul indice n'avait attiré spécialement l'attention du commandement français sur ce front de l'Aisne.

Considéré comme naturellement très fort, ce secteur n'avait

été l'objet d'aucun renforcement, et depuis le transport de toutes nos forces disponibles vers les champs de bataille de l'Ouest et du Nord, il n'était en somme que faiblement tenu; le retrait de la 5e armée avait nécessité l'extension jusqu'à Reims, du front de la 6e armée (général Duchesne), qui tenait ainsi 80$^{km}$ avec 3 corps d'armée (11 divisions) :

30e *C.A.* (55e, 19e, 2e D.C.P.; 151e D I.) de l'Oise au chemin de fer de Laon à Soissons.

11e *C.A.* (61e, 21e, 22e DI.) de là à Vauclerc.

9e *C.A.W.* (50e, 8e, 21e D.W.) de Vauclerc à Loivre.

45e DI. de Loivre aux Cavaliers de Courcy.

Ces divisions, françaises et anglaises, sortaient de la bataille de mars, et n'avaient eu à peine le temps de se reconstituer et de panser leurs blessures.

En outre, 4 DI. dont une anglaise étaient en deuxième ligne sur l'Aisne.

**Situation allemande le 26 mai.** — D'ailleurs, entre Noyon et Reims, l'ennemi n'avait lui aussi qu'assez peu de monde en secteur :

9 DI. de la VIIe armée, entre Noyon et Juvincourt;
3 DI. de la Ire armée, entre Juvincourt et Courcy.

Pour porter l'effet de choc du 27 mai au maximum, il allait concentrer 30 *divisions dont* 19 *en première ligne.* La moitié au moins étaient des unités d'élite (garde, corps alpin, brandebourgeois, etc.) et la plupart avaient déjà exécuté l'attaque du 21 mars. Du 27 au 30 mai, cette masse devait être encore renforcée de 12 autres divisions : soit un total de 42 divisions appuyées par 4000 pièces d'artillerie (4 fois plus de canons que nous n'en possédions dans le secteur).

Toutes ces troupes furent acheminées dans le plus grand secret, depuis la région Hirson-Mézières, par des marches de nuit; le jour elles étaient dissimulées dans les bois et les villages, et bien que notre aviation ait cherché à déchirer le voile, dans les jours qui précédèrent la bataille, elle ne put rien découvrir de cette concentration.

Le 26 mai dans la soirée seulement, le Commandement français prévenu par deux déserteurs, de l'imminence de l'attaque, eut le temps d'alerter les troupes, mais il était déjà trop tard pour y parer sérieusement; le lendemain à l'aube, 3 divisions françaises (11e Corps) et 3 DI. W (9e C.A.W.) allaient être attaquées entre Vauxaillon et Brimont par des forces plus que triples.

**Le début de l'attaque (27 mai).** — Le 27 mai, à 1ʰ précise, l'ennemi déclenche un violent tir de préparation comprenant une forte proportion d'obus spéciaux; il bat tout le terrain compris entre les premières lignes et la zone des batteries et dirige de puissants tirs d'interdiction sur les arrières.

L'attaque d'infanterie est lancée vers 4ʰ. Devant les colonnes allemandes qui se présentent partout à la fois, devancées en certains points par des chars d'assaut, armées de mitrailleuses et de mitraillettes, tirant souvent en marchant, avançant malgré les pertes et s'infiltrant partout, nos troupes, qui ont tenu héroïquement sous le bombardement, résistent sur place désespérément, mais sont submergées.

L'avance de l'ennemi est rapide. A 8ʰ, il a franchi le Chemin des Dames, puis dépasse à gauche Pinon et le fort de la Malmaison, à droite Craonne et Berry-au-Bac.

Dès lors, ne trouvant plus devant eux que des éléments isolés, les Allemands exploitent hardiment le succès (1). Nos troupes se défendent avec une vaillance à laquelle la presse officielle allemande a rendu un juste hommage. Mais elles doivent plier sous le nombre. A midi, les Allemands ont réussi à franchir l'Aisne entre Vailly et Berry-au-Bac et ils ne tardent pas à prendre pied sur les plateaux entre Aisne et Vesle. En fin de soirée, l'ennemi

---

(1) Les DI. de deuxième ligne, voulant défendre la première position, sont culbutées pendant qu'elles se portent en avant.

a pu s'infiltrer au centre jusque dans la vallée de la Vesle, à Braisne, Bazoches et Fismes, mais les troupes françaises, à l'est de Soissons, comme les troupes anglaises soutenues par la 45e DI. au nord-ouest de Reims, sur le massif de Saint-Thierry, ont énergiquement résisté à tous les assauts.

**Journée du 28 mai.** — La nuit n'arrête pas la progression. A l'aube, Fismes est débordé par l'Est et tombe vers 11ʰ aux mains de l'ennemi. En même temps la Vesle est atteinte à Vasseny; Crouy est forcé, et après une lutte acharnée, Soissons est abordé. En fin de journée, une poche de 60ᵏᵐ de largeur sur plus de 20ᵏᵐ en profondeur se creusait dans nos lignes, gagnant au sud de la Vesle, Mont-sous-Courville et Chéry-Chartreuse.

Tandis que la presse allemande célébrait à l'envi ces premiers et magnifiques résultats de la « bataille du kronprinz », l'émotion en France était à son comble :

Non seulement le butin et le nombre des prisonniers capturés par l'ennemi étaient considérables, mais la perte de positions considérées comme inviolables, les gains de terrain rapides obtenus par l'adversaire, l'anéantissement de nos divisions véritablement submergées et volatilisées, tout cela constituait une situation douloureuse, inquiétante au plus haut point. A Paris, que ne cessaient de bombarder les gros canons allemands, un vague sentiment de crainte s'emparaît de la foule, et déjà certains évacuaient la capitale. Seule, la fermeté de M. Clemenceau rassurait l'opinion, et aussi celle du Haut Commandement, qui conservait son calme et sa confiance inébranlable dans la suite des événements.

**Les premières mesures du Commandement.** — Déjà, sur son ordre, comme au 21 mars, nos réserves affluent de toutes parts, à pied, en camions-autos, par voie ferrée : *le 28 à midi, 9 divisions ont déjà été jetées à la bataille;* mais la difficulté est d'organiser le Commandement de ces masses, sur ce front sans cesse mouvant et imprécis, au milieu de la rapidité déconcertante des événements, du désordre et de l'émoi consécutifs aux premières heures d'une telle crise.

Rappelé immédiatement de Méru, l'État-Major de *la 5e armée*, sous la direction du *général Micheler*, vient prendre en main la bataille du côté de la montagne de Reims, position importante qu'il nous faut garder à tout prix.

Du côté de Soissons également, où il faut aussi empêcher la poche de s'élargir, les réserves sont acheminées spécialement.

Mais les forces du kronprinz de Bavière sont encore intactes, et il ne peut être question pour l'instant d'enlever notre 10e armée de la région Arras-Doullens, où elle est prête à étayer éventuellement le front anglais.

**Journées des 29 et 30 mai.** — Le 28 au soir, Hindenburg, Lüdendorff, et l'Empereur, surpris par ce succès inespéré qui dépassait les prévisions les plus optimistes, ont conféré près de Corbeny. Sans doute ont-ils décidé de pousser jusqu'à la Marne.

En fait, le 29, la ruée allemande s'accentue vers le Sud, dépasse Fère-en-Tardenois, et atteint presque Oulchy-le-Château. Nos unités de renfort, lancées dans l'inconnu de cette bataille acharnée, ne peuvent encore offrir un mur assez résistant et il faut céder, céder encore du terrain.

Tandis qu'à l'Est nous tenons énergiquement des abords de Reims, à l'Ouest nous perdons définitivement Soissons.

Au nord de l'Aisne, notre front sur l'Ailette semble compromis et le 30 il faut le reporter en arrière sur les hauteurs de Vézaponin et de Blérancourt.

Le même jour dans l'après-midi, l'ennemi atteignait la Marne à Jaulgonne.

Devant la gravité de l'heure, le Haut Commandement arrête des dispositions à échéance plus lointaine :

La 10e armée, rappelée de Doullens, va être intercalée entre les 3e et 6e armées.

En outre, *à l'est et à l'ouest de la grande poche*, deux masses de manœuvre vont être constituées pour en contre-attaquer les flancs :

*3 divisions fraîches dans la montagne de Reims* pour agir en direction de Fismes ;

*4 divisions fraîches dans la région d'Attichy* pour agir en direction de Soissons et de Braine.

**Du 31 mai au 1ᵉʳ juin.** — Le 31 mai, l'ennemi a atteint la Marne sur plus de 20ᵏᵐ, de l'est de Dormans à Château-Thierry, où la 10ᵉ DI.C. qui sera soutenue à partir du 1ᵉʳ juin par les premiers bataillons américains débarqués, défend héroïquement le passage. Dès lors, avec de nouvelles divisions, il va prononcer un gros effort vers l'Ouest pour déborder au nord et au sud de la forêt de Villers-Cotterets.

Au nord de l'Aisne, il nous refoule sur Nampcel et Morsain. En direction de l'Ourcq, le 2ᵉ corps de cavalerie (1) arrive le 31 mai, s'engage le 1ᵉʳ juin et renforcé par la 26ᵉ DI. arrête entre Faverolles et Saint-Quentin la poussée ennemie qui tente d'exploiter la brèche produite la veille entre les 4ᵉ et 7ᵉ corps.

Au Centre, la contre-attaque du 1ᵉʳ C.A. qui n'a pu être menée que par des éléments des 4 DI. prévues, celles-ci ayant déjà été en partie dépensées pour étayer le front, nous permet finalement de garder Verzy et Chaudun.

Et ainsi jusqu'au 1ᵉʳ juin la lutte demeure vive, de Château-Thierry jusqu'à l'Oise où l'ennemi tente de vains efforts pour déborder le massif de Villers-Cotterets. Partout nos troupes se sont ressaisies et se défendent avec énergie, et si l'ennemi atteint en dernier ressort les lisières orientales de la forêt, à Longpont, Corcy et Faverolles, nulle part il ne parvient à y pénétrer.

**Situation au 2 juin.** — Dès lors, après six jours écoulés, il est permis de prévoir, sinon l'arrêt définitif, du moins les derniers sursauts de la bataille.

---

(1) Le 2ᵉ C.C., parti de Neufchâtel le 28 mai vers 11ʰ du matin, arrivait dans la région de Mareuil-sur-Ourcq le 31 mai à 17ʰ, ayant parcouru 186ᵏᵐ en 3 jours et demi (5 étapes dont 3 marches de nuit).

Jusqu'à ce moment, étant donnée la supériorité numérique de l'ennemi, qui a été au moins de trois contre un dès le premier jour, et malgré l'appui immédiat des réserves, nous n'avons pu espérer le contenir que par des résistances successives sur des lignes de retrait et par le jeu de nos renforts. Mais les transports exigent des délais indispensables. Si courts qu'ils aient été, ils ont permis aux Allemands de réaliser une avance sérieuse avant que nous ne fussions en état de résister sur place. A peine débarqués, ces renforts se heurtaient aux divisions ennemies descendues en droite ligne du Nord et dont l'afflux ininterrompu agrandissait sans cesse la poche formée au sud de l'Aisne, augmentait la longueur du front de combat et diminuait d'autant la densité de nos unités de première ligne.

Pourtant ces difficultés ont été vaincues en une semaine à peine, et, dès lors, la puissance et l'efficacité de nos contre-attaques s'affirment de plus en plus.

En fait, au 2 juin, nous avions 37 divisions à la bataille, et le Commandement était organisé sur tout le nouveau front :

*A l'Ouest, la 10e armée (général Maistre)*, 3 corps (30e, 1er, 11e), de Moulin-sous-Touvent à Faverolles ;

*Au Centre, la 6e armée (général Duchesne)*, 4 corps (2e C.C., 7e, 21e, 38e), de Faverolles à Dormans ;

*A l'Est, la 5e armée (général Micheler)*, 3 corps (1er C.C., 5e, 1er colonial), de Dormans à l'est de Reims.

En outre, 15 autres divisions étaient en route pour la bataille.

**Les derniers jours de la bataille (2-8 juin).** — Du 2 au 4 juin, l'ennemi prononce encore d'énergiques poussées, soit au nord, soit au sud de l'Aisne, et aussi au sud de la vallée de l'Ourcq, Il gagne encore quelque terrain, mais là, pas plus que du côté de Reims, il n'obtient de résultats appréciables, et la forêt de Villers-Cotterets lui demeure impénétrable.

Au 8 juin, son offensive peut être considérée comme close.

**Conséquences de l'offensive du 27 mai.** — Ainsi donc, suivant le même rythme qu'au 21 mars et au 9 avril, la ruée allemande avait été enrayée en une dizaine de jours, et cette fois encore « le flot avait expiré sur la grève ».

Néanmoins, le résultat de l'offensive du 27 mai dépassait de beaucoup les prévisions de l'ennemi, et le coup porté à notre prestige était rude.

Nous perdions 55 000 prisonniers, 650 canons, plus de 2000 mitrailleuses; un matériel d'artillerie et d'aviation considérable, de vastes dépôts de munitions, de vivres, d'approvisionnements de toutes sortes, de grandes organisations sanitaires. L'ennemi avait reconquis le terrain perdu en 1917 et même celui en partie que nous avait valu notre victoire de la Marne.

Notre grande artère ferrée de l'Est, Paris-Châlons, nous était interdite, et cette perte, jointe à celle de la voie Paris-Calais, n'allait qu'en paralyser davantage le jeu de nos réserves. Notre front s'augmentait de plus de 50$^{km}$, alors que nos disponibilités avaient fondu dans cette nouvelle bataille. Enfin la manœuvre vers Paris s'accentuait, par l'occupation de Château-Thierry, et la possibilité pour l'ennemi de réduire le vaste saillant créé dans notre front par les deux offensives de mars et de mai.

## V. — L'OFFENSIVE DU 9 JUIN.

### L'offensive sur Compiègne (9-12 juin).

**Projets allemands.** — Mais plus l'ennemi s'était enfoncé vers le Sud, plus sa situation à l'intérieur de la poche creusée en notre front risquait d'être périlleuse et vulnérable. En outre, par le manque de voies ferrées Nord-Sud, ses ravitaillements y étaient fort difficiles.

C'était donc pour lui une nécessité qui s'imposait, que de s'aligner sur la ligne générale Montdidier-Villers-Cotterets-Château-Thierry, par une attaque à l'ouest de l'Oise en direction de Compiègne. Il nous forçait par cela même à réduire volontairement notre grand saillant au nord de Compiègne, sous peine d'y voir encercler les troupes qui s'y trouvaient.

Cette offensive qui rentrait d'ailleurs, ainsi qu'on a vu plus haut, dans le plan général allemand, avait été prévue pour le 6 ou le 7 juin, en liaison, comme il était naturel, avec une offensive simultanée de la VII<sup>e</sup> armée au nord de la forêt de Villers-Cotterets, c'est-à-dire sur l'autre face du saillant. Mais des retards dans l'arrivée des renforts d'artillerie de la VII<sup>e</sup> armée, la firent différer jusqu'au 9 juin.

Or, à cette date tardive, elle ne rentrait plus, comme s'en rendit compte Lüdendorff, dans le cadre général de la bataille du 27 mai; elle devenait presque une opération isolée; nous avions eu le temps de souffler et de déplacer nos réserves dès que les premiers indices s'en étaient révélés. Par suite, elle échouera, sans atteindre aucun de ses objectifs, ni Compiègne, ni le massif de Villers-Cotterets.

**Les préliminaires de l'offensive du 9 juin.** — Sur le front choisi, Noyon-Montdidier, la XVIII<sup>e</sup> armée (von Hutier) n'avait, avant le 9 juin, que 7 divisions en secteur.

Pour l'attaque, six autres parmi les meilleures sont amenées à pied d'œuvre, et du 10 au 12, cinq autres nouvelles seront encore appelées à la rescousse.

C'était donc une masse de 18 divisions que *la 3<sup>e</sup> armée (général Humbert)* allait avoir à combattre sur cet espace relativement restreint.

Dès le 3 juin, des préparatifs non dissimulés, tels qu'une circulation inaccoutumée de camions et de trains, même en plein jour, dans la région Roye-Lassigny-Noyon, l'apparition d'énormes dépôts de munitions, les dires des déserteurs et des prisonniers, ne laissaient plus de doute à la 3<sup>e</sup> armée sur l'imminence de l'attaque qui allait fondre sur elle.

Les dispositions avaient été prises en conséquence par le Commandement, qui disposait de 8 divisions en réserve, dans la région

Beauvais-Senlis-Compiègne-Saint-Just-en-Chaussée, prêtes à intervenir au premier signal. En outre, conformément aux directives du Général en chef, la zone de résistance avait été reportée un peu en avant de la seconde position, la première toujours susceptible d'être rompue avec la puissance nouvelle des moyens d'attaque, n'étant plus considérée que comme position de couverture.

**L'attaque des 9 et 10 juin.** — Après une préparation d'artillerie de quelques heures, encore plus formidable que les précédentes et exécutée avec une proportion d'obus toxiques inaccoutumée, l'ennemi attaqua le 9 juin à $4^h 30^m$ sur un front de $35^{km}$, d'Assainvillers à l'Oise avec 18 DI. en première ligne, nos positions submergées et noyées par un véritable brouillard opaque de gaz asphyxiants. *Au centre,* sous la pression vigoureuse d'une masse de 6 divisions (3 en première ligne, 3 par derrière) engagées sur une largeur de $6^{km}$ à peine, à cheval sur la vallée du Matz, nos lignes sont enfoncées jusqu'à une profondeur de $7^{km}$, et tout notre système d'artillerie est désorganisé par la perte de nombreuses batteries et la retraite des autres.

*A droite,* la magnifique résistance de nos troupes, en particulier sur la *Hauteur du Plémont* où il ne fallut pas moins de 14 assauts pour faire plier l'héroïque poignée de cuirassiers à pied qui la défendaient, arrête quelque peu l'ennemi dans le massif de la petite Suisse.

*A gauche* également, celui-ci progresse peu et ne dépasse pas le Frestoy.

Le lendemain (10 juin), renforcés par des divisions fraîches, les Allemands poussent vigoureusement en direction de Compiègne et d'Estrées-Saint-Denis (qui étaient les objectifs du premier jour), et dans la soirée ils atteignent le Matz au sud de Ribécourt et l'Aronde dans la région de Braines et de Gournay.

La chute de Ribécourt nous oblige, à l'est de l'Oise, à abandonner dans la nuit le massif de Carlepont, fortement en flèche, et à ramener le front du $18^e$ corps sur la ligne Bailly-Tracy-le-Val,

en liaison vers Moulin-sous-Touvent, avec la gauche de la
10e armée.

**La contre-attaque du général Mangin (11 juin).** — En
somme, notre front, s'il était replié, n'était pas rompu, et le
Commandement gardait l'impression, qu'en dépit de son avance
vers Gournay et Ribécourt, l'ennemi n'avait pas obtenu le
résultat qu'il recherchait.

D'ailleurs la réaction française est déjà en cours : et profitant
de la résistance de notre gauche, le général Fayolle (commandant du G.A.R.) a *décidé de contre-attaquer le flanc ouest de la
poche creusée en notre front.* Dès le 10 juin, après midi, il a ordonné
la concentration rapide de 5 divisions dans la région Maignelay-
Saint-Just-en-Chaussée (3 par voie de terre, 2 par camions-autos),
et en a confié le commandement au *général Mangin*, avec mission
de contre-attaquer le 11, en direction de Ressons-sur-Matz. Elles
seront appuyées par 160 chars d'assaut et toute l'artillerie lourde
et de campagne qu'on peut ramasser.

Grâce à l'activité déployée par tous les États-Majors et les
services, ces unités étaient rassemblées dans la nuit, placées dès
le matin face à leurs objectifs, accompagnées de leurs chars
d'assaut, et avec tous leurs ravitaillements en vivres et en munitions assurés. A 11ʰ, elles partaient à l'assaut et franchissaient la
voie ferrée d'Estrées-Saint-Denis à Montdidier, sur un front de
10ᵏᵐ à 12ᵏᵐ.

Surpris par l'irruption de cette masse dans son flanc, au moment même où il se préparait avec de nouvelles divisions à prononcer un nouvel effort sur le front Méry-Tricot, l'ennemi voit
toute sa manœuvre désorganisée. Nos troupes, dans un superbe
élan, reprennent Belloy, la Ferme la Garenne, regagnant ainsi
2ᵏᵐ à 3ᵏᵐ de terrain en profondeur, bousculant les formations
ennemies et ramassant de nombreux prisonniers et 16 canons.

Pour pousser plus loin cette contre-offensive, il eût fallu de nouvelles forces pour l'alimenter ; le Commandement estima que dans
l'état de nos réserves déjà fort restreintes, il valait mieux s'en

tenir à ces premiers résultats. Quoi qu'il en soit, habilement conduit et vigoureusement exécuté, ce coup d'arrêt soudain produisit sur l'ennemi un effet moral immense, symptôme d'un échec sérieux.

Les jours suivants, il essaiera encore de pousser vers le Matz et l'Aronde, mais il sera brisé dans toutes ses dernières tentatives, et finalement par son arrêt donnera ainsi l'aveu de son impuissance : il n'a pas atteint les objectifs qu'il se proposait d'atteindre dès le premier jour, et Compiègne est sauf.

A partir du 13 juin, la bataille de part et d'autre s'affaissa.

**Tentatives au sud-ouest de Soissons (12-15 juin).** — Mais en même temps qu'ils menaçaient Compiègne, les Allemands avaient l'intention de déborder par le Nord la forêt de Villers-Cotterets dont à l'Est ils longeaient déjà les lisières. Ainsi devait se trouver compromis du coup tout notre front au nord de l'Aisne et à l'ouest de l'Oise.

C'est le 12 au matin que cette attaque fut déclenchée entre l'Aisne au Nord et la forêt de Villers-Cotterets au Sud. Après des combats acharnés, le général von Boehm (commandant la VIIᵉ armée), qui avait engagé au centre trois nouvelles divisions, avec l'intention d'atteindre Pierrefonds le lendemain, ne parvint à nous refouler que sur le Rû de Retz, suivant la ligne Ambleny-Laversine-Cœuvres-Valsery-Saint-Pierre-l'Aigle-Ferme Montgobert.

Le 13, il prend pied dans le village de Laversine et ne peut déboucher au delà.

Mais le 15, par un brillant retour offensif, nous dégageons le ravin du Rû de Retz en reprenant Cœuvres et Laversine et en ramenant nos lignes aux lisières de la forêt.

**Résultats et conséquences de l'offensive du 9-12 juin.** — Le plan allemand qui consistait à enserrer dans une tenaille notre grand saillant de Compiègne s'était donc trouvé encore déjoué, avec une facilité et une rapidité qui peuvent surprendre, quand on

compare les médiocres résultats de la quatrième offensive ennemie
à ceux de la troisième sur le Chemin des Dames.

Les qualités guerrières de nos troupes, leur aptitude manœuvrière et leur souplesse, comme aussi la maîtrise de notre Haut
Commandement, avaient rétabli encore une fois la situation et
fait tourner en échec cette victoire que nos ennemis espéraient
remporter en rase campagne.

Malgré les avantages territoriaux et matériels incontestables
qu'avaient obtenus les Allemands, chaque fois leur front d'attaque
était devenu plus restreint, et leur offensive plus rapidement
endiguée.

En vain maintenant la presse allemande, obéissant au mot
d'ordre de l'État-Major, s'efforcera-t-elle de diminuer aux yeux
de la nation l'importance de la dernière opération du 9 juin,
en prétendant que le Commandement ne recherchait qu'un succès
local tactique et l'usure des forces françaises, que Lüdendorff,
« soucieux d'éviter d'énormes sacrifices », a arrêté la poussée
parce qu'il voulait simplement prendre pied au nord de Compiègne.

L'opinion allemande est péniblement déprimée. Après la victoire décisive annoncée, les gains réalisés semblent peu de choses
en regard des pertes qu'ils ont coûtées; la déception des masses
populaires est profonde, et le mécontentement est général. Un
grand épuisement gagne les troupes et la confiance dans la victoire finale tombe peu à peu.



4

# CHAPITRE III.

## La seconde bataille de la Marne.

### I. — LA SITUATION DU 15 JUIN AU 15 JUILLET.

**Les projets allemands après le 15 juin.** — Au 15 juin, la grande offensive allemande de printemps, malgré les gains de terrain obtenus, et malgré la rupture trois fois répétée de notre front, n'a donné aucun des résultats stratégiques attendus.

Après la dernière poussée avortée sur Compiègne, Lüdendorff, chaque jour plus inquiet de la collaboration américaine qui dépasse ses prévisions, plus inquiet aussi de l'état moral dé l'armée allemande et de la baisse de ses effectifs, estime cependant, après quelques hésitations, qu'il faut encore prendre l'offensive, et qu'une victoire décisive est une nécessité pour l'Allemagne. Et à nouveau il examine le point où il cherchera la décision.

L'attaque dans les Flandres, à laquelle sa pensée revient sans cesse, lui semble encore prématurée, car malgré le retrait des réserves françaises du Nord, les Anglais y sont encore en force.

A-t-il vraiment l'idée de marcher sur Paris ? Il ne le dit pas : ce qu'il cherche, c'est un point faible pour remporter d'abord le succès tactique, et ce point faible il le voit en Champagne, puisque la majorité de nos réserves sont entre l'Oise et Château-Thierry.

Il se propose donc d'attaquer au milieu de juillet des deux côtés de Reims, et lorsque l'affaiblissement de l'ennemi y sera au point critique, de lancer alors son offensive des Flandres dans les premiers jours d'août. Ce sera la dernière bataille de la guerre (*la bataille de la paix*) et il en fixa très nettement le cadre :

*A l'Ouest de Reims*, attaque des VII$^e$ et I$^{re}$ armées en direction générale d'Épernay par les deux rives de la Marne ;

*A l'Est de Reims*, attaque de Prunay à Tahure par la III$^e$ armée en direction de Châlons. Reims ne sera pas attaqué directement, mais débordé par l'Est et par l'Ouest.

Lüdendorff passe sous silence les conséquences stratégiques de ce plan en cas de réussite, mais elles sont évidentes : c'est la rupture en deux tronçons des Armées alliées, et par rabattement à l'Est ou à l'Ouest des masses chargées de l'exploitation, soit l'effondrement de notre front Châlons-Verdun-Saint-Mihiel, soit la chute de notre front de Villers-Cotterets et par suite la menace aux portes de Paris (¹).

La riposte également évidente, c'est celle qu'exécutera effectivement le général Foch le 18 juillet, la contre-attaque dans le flanc à hauteur de Soissons. Elle n'échappe pas à Lüdendorff : il croit y parer par la qualité et le nombre des divisions qu'il porte dans ce secteur et par l'introduction d'un nouvel État-Major d'armée (la IX$^e$ armée, venant de Roumanie) qui prendra à son compte le front entre Oise et Ourcq.

La fin du mois de juin et le début de juillet sont absorbés par les préparatifs de la nouvelle opération : reconstitution des divisions fatiguées, concentration des forces destinées à l'attaque (25 à l'ouest de Reims, 30 à l'est), renforcement de l'artillerie, apport des munitions, etc. Et comme toujours toutes les précautions sont prises pour assurer le secret et obtenir la surprise.

**Le Commandement allié du 15 juin au 15 juillet.** — Depuis l'échec sur Compiègne et Villers-Cotterets, tout dans la situation générale de l'Allemagne portait aussi le Haut Commandement

---

(¹) *Ludendorff*, par le général Buat.

allié à croire que l'ennemi ne tarderait pas à entreprendre un nouvel et puissant effort :

Dès le 1er juillet, les renseignements se précisent peu à peu et deux attaques ennemies apparaissent comme probables : l'une sur le front anglais dans la région de Lille, l'autre sur le front français en Champagne.

Et pour parer à cette double éventualité on étudie à nouveau l'intervention des forces françaises en zone britannique et réciproquement, et les plans de transport sont préparés et réglés pour amener les réserves alliées là où se livrera la bataille.

**Directives tactiques**. — En même temps, mettant à profit les leçons tirées des offensives de printemps, le Haut Commandement, par de nouvelles directives tactiques, confirme encore les principes de la bataille défensive qu'il a déjà fixés au début de l'hiver : *à la surprise de l'attaque* on répondra par *la surprise dans le jeu de la défense* en revenant à la saine doctrine des avant-postes. La véritable bataille ne se livrera pas sur la première position, mais plus en arrière. C'est là que seront les gros et la masse de l'artillerie, tandis que les premières lignes ne seront tenues que par de faibles troupes de couverture. L'attaque ennemie ainsi déjouée donnera donc dans le vide, et se brisera contre l'obstacle insoupçonné de la « *position de résistance* ».

**Projets offensifs**. — Mais la parade n'absorbait pas entièrement l'attention du Haut Commandement : depuis longtemps il songeait aussi à l'offensive et, attendant son heure, il en forgeait patiemment les instruments.

D'ores et déjà au début de juin il a fait comprendre à tous les chefs alliés, comme à tous les commandants d'armée, que l'heure sera bientôt venue de reprendre l'ascendant sur l'ennemi, et de repasser à l'offensive. Le 7, il a déjà prescrit l'opération qui doit frapper l'ennemi en son point faible, vers Soissons, où passe l'unique voie ferrée qui alimente les 40 divisions allemandes de la poche de Château-Thierry. Le 16, les plans en sont arrêtés et l'exécution en est confiée, sous la direction du général Fayolle, commandant le G.A.R., au général Mangin, commandant la 10e armée.

Le maréchal Haig, d'autre part, était invité à préparer de son côté plusieurs opérations entre la Somme et la Lys, en vue du dégagement de notre grande voie ferrée Paris-Amiens et de nos charbonnages de Bruay-Béthune.

Et ainsi, sous le voile de l'attitude défensive qui nous avait été imposée par les circonstances, se préparait l'offensive libératrice.

**Préparation de la contre-offensive française.** — Dès le 10 juillet, l'offensive allemande en Champagne apparaît comme certaine et le cadre en est connu du Haut Commandement. Immédiatement, toutes les mesures sont prises pour y parer :

*La 4e armée (général Gouraud)* arrête ses dernières dispositions et se tient prête à déjouer l'attaque à 3km en arrière de sa première position.

*L'État-Major du D.A.N.,* dont toutes les forces depuis la fin de juin ont été ramenées en zone française, se tient prêt, vers Fère-Champenoise, à constituer avec les divisions nouvellement amenées au sud de la Marne, une nouvelle armée (*la 9e, général de Mitry*), qui s'intercalera selon les événements soit entre la 4e et la 5e, soit entre la 5e et la 6e.

La parade est donc prête, mais le Haut Commandement voit plus loin et, dans l'attaque allemande pour Reims, il trouve l'occasion favorable à la reprise de l'offensive (¹), et dès le 13 juillet la bataille est fixée dans ses détails pour le 18, quoi qu'il arrive :

*La contre-offensive entre Aisne et Ourcq sera exécutée par les 10e et 6e armées,* en direction générale de Braisne et Fère-en-Tardenois. Elle sera combinée avec une attaque de la 5e armée sur l'autre face de la poche de Château-Thierry, de façon à fermer cette

---

(¹) Il va mener en somme ce qu'on appelle une « bataille défensive-offensive » poche ou tout au moins à contraindre l'ennemi à l'évacuer. Si l'ennemi attaque le premier, la 5e armée résistera sur place.

Et ainsi le Haut Commandement allié a déjà pris l'emprise sur le Commandement allemand ; et le jour même où les divisions ennemies se mettent en marche vers leurs positions d'assaut, les divisions françaises renforcées des jeunes divisions américaines qui, au sud de l'Ourcq, viennent de donner tant de preuves de leur vaillance, se concentrent, elles aussi, pour les attaquer de flanc.

**Situation le 14 juillet.** — A cette date, les DI. alliées rangées déjà, ou en cours de concentration pour la bataille entre l'Argonne et l'Oise, se chiffrent à 70 dont 57 DI. françaises.

Le tiers de cette masse (27 DI.) va constituer le dispositif de contre-offensive, à savoir :

*La 10e armée attaquera entre Aisne et Ourcq* avec 18 DI. (dont 2 américaines et 2 anglaises) appuyées par 470 batteries, 375 chars d'assaut, 40 escadrilles ;

*La 6e armée attaquera entre Ourcq et Marne* avec 9 DI. (dont 3 américaines) appuyées par 230 batteries, 170 chars d'assaut, 28 escadrilles.

A la même date, les Allemands disposaient de 207 DI. sur le front occidental dont 81 en réserve, sur lesquelles 70 environ aptes à attaquer.

En fait, rien que dans la journée du 15 juillet, le kronprinz impérial engagera 50 divisions (16 à la Ire armée, 13 à la IIIe, 21 à la VIIe).

## II. — L'OFFENSIVE ALLEMANDE DU 15 JUILLET.

L'ennemi, ramassant tous ses moyens dans un effort suprême, n'avait rien négligé pour obtenir une victoire éclatante. Depuis un mois, à la faveur de la nuit, il avait amené sans relâche des canons et des troupes fraîches, renforcé son artillerie d'un nombre énorme de batteries, accumulé les munitions jusqu'au voisinage des premières lignes, préparé pour franchir la Marne un matériel formidable. Jamais armée ne fut plus sûre du succès. Jamais échec ne fut plus complet.

L'heure de l'attaque a été fixée au 15 juillet à l'aube.

Dès minuit, commence une intense préparation d'artillerie avec large emploi d'obus toxiques. Les éclairs d'innombrables pièces illuminent le ciel et jusqu'aux rues de Châlons, à 25$^{km}$ en arrière. Paris lui-même est réveillé par ce formidable bombardement dont il voit les lueurs. Quatre heures durant, la première position est battue avec une violence inouïe, pendant que des obus de gros calibre lancés sur Châlons viennent annoncer la grande bataille.

Sur la Marne, un bombardement intensif par obus toxiques et fumigènes sévit furieusement, tandis que derrière un opaque rideau de fumée, les pionniers allemands, favorisés au surplus par le brouillard de la nuit, jettent des ponts sur la rivière entre Gland et Mareuil-le-Port, sur une distance d'environ 20$^{km}$.


**L'attaque à l'est de Reims.** — Devant l'armée Gouraud [1], entre le fort de la Pompelle et la Main de Massiges, l'échec allemand, que facilita l'habile utilisation des ressources d'un secteur merveilleusement équipé de longue date, fut du premier coup total et définitif.

Prévenu la veille au soir de l'heure de l'attaque, le Commandement avait fait évacuer presque complètement la première position. L'attaque, dissociée déjà par quelques îlots de résistance maintenus en première ligne, s'effondra avec de grosses pertes sous les feux de notre « *position de résistance* » et d'une artillerie subitement dévoilée. L'ennemi laissait sur le terrain des mon-

---

[1] 3 C.A. (4e, 21e, 3e).

ceaux de cadavres ; nos pertes étaient légères et nous n'avions pas
eu à faire intervenir nos réserves.

« Coup dur pour l'ennemi, belle journée pour la France », tels
sont les termes en lesquels le lendemain le général Gouraud remer-
ciait ses vaillantes troupes.

**L'attaque à l'ouest de Reims et sur la Marne.** — Si
l'attaque principale avait échoué à l'est de Reims, par contre à
l'ouest de la ville et sur la Marne, l'ennemi réalisa quelque avance.
Dans ce secteur, il est vrai, nos 5ᵉ et 9ᵉ armées se défendaient
sur des positions à peine organisées.

Sous la protection d'une puissante artillerie dissimulée dans les
bois au nord de la rivière (500 batteries, a-t-on estimé), les Allemands franchissent la Marne dès 3ʰ du matin sur des bateaux et
sur de nombreux ponts lancés par leurs pionniers et gagnent par
leurs avant-gardes la ligne de départ fixée pour l'attaque générale, sensiblement la voie ferrée Paris-Châlons.

Malgré la résistance de nos troupes et de violentes contre-
attaques des Américains au sud-est de Château-Thierry, ils progressent de 6ᵏᵐ environ en profondeur sur les hauteurs au sud
entre Jaulgonne et Dormans.

Entre la Marne et la Vesle, ils avancent aussi quelque peu
notamment dans la vallée de l'*Ardre* que tient le corps d'armée
italien.

**Journées des 16 et 17 juillet.** — Les 16 et 17, tout l'effort
ennemi se porte dans la direction d'Épernay, mais ses progrès
sont insignifiants et le 17 au soir, sous nos contre-attaques
incessantes, son avance est entièrement enrayée.

En résumé, au lieu de rompre le front et de former une vaste
poche en Champagne, l'attaque allemande n'a obtenu que des
succès tactiques locaux qui ne compensent pas les lourdes pertes
subies.

La situation des 10 divisions allemandes engagées au sud de la
Marne dans un espace restreint était intenable, l'infanterie aban-

donnée à elle-même sans artillerie pour la soutenir, les ravitaillements impossibles par les ponts, battus sans cesse par nos feux et notre aviation. Le repli sur la rive nord s'imposait donc, il fut ordonné pour la nuit du 19 au 20.

D'ailleurs dès le 17, ayant conscience de l'échec, Lüdendorff suspendait les opérations et, en vue de l'offensive des Flandres qu'il songeait à reprendre le plus tôt possible, il donnait l'ordre de commencer vers le Nord les transports de l'artillerie lourde et des divisions de seconde ligne. Mais il était déjà trop tard : le lendemain à l'aube du jour prévu par le général Foch, se déclenchera l'offensive victorieuse des armées françaises, et pour éviter un désastre, il sera obligé de faire affluer dans la poche du Tardenois des divisions de plus en plus nombreuses, et d'entamer les disponibilités du kronprinz de Bavière.


## III. — LA CONTRE-OFFENSIVE FRANÇAISE
## DU 18 JUILLET-4 AOUT.

L'avance de l'ennemi au sud de la Marne n'a en rien modifié les projets du Haut Commandement allié, et le 17 juillet sont lancés les ordres d'exécution pour le lendemain 18 :

*Les 6e et 10e armées,* sous les ordres du général Fayolle, attaqueront en direction général d'Oulchy-le-Château.

*La 5e armée* reconquerra le terrain perdu entre Reims et la Marne.

*La 9e armée* nettoiera la rive sud de la Marne.

Ainsi, l'ennemi enserré dans une formidable tenaille, n'allait pouvoir en sortir que par un recul précipité.

*La 10e armée* (16 divisions, 4 C.A. (1er, 20e, 30e, 11e) est chargée de l'effort principal : trois nuits à peine ont suffi pour amener les moyens à pied d'œuvre et les dissimuler dans la forêt de Villers-Cotterets (470 batteries, 375 chars d'assaut). En outre, le 2e corps de cavalerie et 2 DI. anglaises étaient en réserve.

**Journée du 18 juillet.** — Le 18 juillet à 4$^h$ 3o$^m$ du matin, sans préparation d'artillerie, précédée de ses chars d'assaut (Renault), la 1o$^e$ *armée* déclenche son attaque et entre comme un coin dans le flanc allemand. Presque d'un seul élan elle progresse de 7$^{km}$ en profondeur, portant sa gauche devant Soissons, son centre au delà de Chaudun, sa gauche à Noroy-sur-Ourcq.

*La* 6$^e$ *armée* (*Degoutte*), au sud de l'Ourcq, après une préparation d'une heure et demie, s'élance à son tour et progresse rapidement jusqu'à l'est de Marizy-Saint-Mars, Courchamps et Belleau.

L'ennemi complètement surpris a peu réagi. Nos pertes sont légères et le butin considérable (12 000 prisonniers, 4oo canons).

**Du 19 au 21.** — Malgré la réaction allemande devant Soissons, qui fait perdre quelque terrain à la gauche de la 1o$^e$ armée, la progression est générale sur tout le front jusqu'à la Marne, et le 21, *la* 1o$^e$ *armée* avait atteint les revers orientaux des plateaux du Soissonnais jusqu'auprès d'Oulchy-le-Château.

A sa droite, *la* 6$^e$, qui avait, le 2o, dégagé Château-Thierry, gagnait la ligne Jaulgonne-Épieds.

Au sud de la Marne, *la* 9$^e$ (*de Mitry*) dont l'entrée en ligne avait été retardée par l'arrivée de ses chars d'assaut, prenait le 2o l'offensive, et écrasait les arrière-gardes allemandes des corps d'armée qui avaient dans la nuit repassé la rivière. Mais les ponts sont rompus et il lui faut 48 heures pour les rétablir et franchir la Marne à son tour avec ses gros.

A l'ouest de Reims, *la* 5$^e$ (*général Berthelot*), renforcée d'un corps anglais, ébranlait à partir du 19 le flanc allemand de la montagne de Reims.

**Du 22 au 30.** — Assailli sur trois fronts, l'ennemi défend désespérément les flancs de sa retraite pour sauver son matériel de cette poche où ses communications sont menacées. Et chaque jour il appelle de nouveaux renforts pour étayer les deux bastions dont la résistance le sauvera du désastre, Soissons et les hauteurs de la Crise à l'Ouest, Ville-en-Tardenois et les hauteurs de l'Ardre à l'Est.

Déjà le kronprinz a engagé ses réserves locales, puis appelé celles de Noyon et de Champagne, et cela ne suffit pas. Von Gallwitz doit donner 3 divisions et le kronprinz de Bavière 6; il faut déjà réengager celles qui ont attaqué le 15 juillet en Champagne et même contremander l'attaque projetée dans les Flandres.

Dès le 22, nos armées accentuent leur poussée convergente : le 24, le général Degoutte atteint la forêt de Fère, le général de Mitry celle de Ris, et le général Berthelot les hauteurs de Vrigny. Devant nos attaques incessantes, l'ennemi *se décide le 27 à se replier sur l'Ourcq* où il va faire tête énergiquement jusqu'au 30.

Des plateaux à l'ouest de la Crise jusqu'aux hauteurs de Bligny, la bataille est acharnée. Fère-en-Tardenois succombe le 28, mais à Seringes, Sergy, Villers-Hagron, nos efforts restent infructueux, et ces villages sont maintes fois pris et reperdus. La bataille semble arrivée à son point mort.

**30 juillet au 4 août.** — Mais, dès le 30 juillet, *la 10e armée* prépare un nouveau coup de bélier : le 2 août, avec les 30e et 11e corps, elle prononce à sa droite un puissant effort en direction du *Plateau d'Arcis-Sainte-Restitue*, pour déborder la Crise par le Sud. La brèche, ouverte au nord-est de Grand Rozoy, se propage de proche en proche jusqu'à Soissons dont s'empare le 1er corps. En fin de journée, la Crise était franchie sur tout son parcours.

Le succès de la 10e armée est de nouveau le signal de l'offensive générale : *la 6e armée* progresse vigoureusement de part et d'autre de la voie ferrée d'Oulchy à Fismes.

*Plus à l'Est, la 5e* (1), qui s'est emparée de Villers-Hagron et de Ville-en-Tardenois, dépasse la ligne générale Coulonges-Verzilly-Gueux-Thillois.

Dès lors, c'est la victoire et la poursuite. Et pressé vivement

---

(1) Depuis le 25 juillet, l'État-Major de la 9e armée a été retiré du front et porté à Méru en réserve. Les DI. de cette armée ont été réparties entre les 6e et 5e

par nos colonnes, l'ennemi se retire précipitamment sur la Vesle et sur l'Aisne, à l'ouest de Soissons, incendiant ses approvisionnements, faisant sauter ses dépôts de munitions et ses ponts.

Le 3 au soir, nous bordions déjà l'Aisne et la Vesle sur presque tout son parcours. Le lendemain, Fismes était enlevé.

Le 4 août, l'opération pouvait être considérée comme terminée et la poche de Château-Thierry était définitivement vidée. Mais les Allemands semblaient résolus à tenir au nord de la Vesle, et devant les difficultés du franchissement de la rivière dont tous les ponts étaient détruits, le Commandement, pour éviter les pertes inutiles, décida de s'en tenir à ces premiers résultats. On s'organisa donc sur ces nouvelles positions en attendant que les Armées alliées prissent ailleurs l'initiative de nouvelles opérations.

**Résultats et conséquences.** — Ainsi se terminait, en magnifique succès, la bataille qu'on a déjà appelée « *la deuxième victoire de la Marne* ». 35 000 prisonniers, 800 canons capturés, Soissons et Château-Thierry reconquis, Paris dégagé, notre grande voie ferrée de l'Est rétablie, notre front raccourci de 45$^{km}$, enfin l'avortement du plan grandiose de l'ennemi et le renversement de la situation générale, tels étaient les prodigieux et premiers résultats « d'une manœuvre aussi admirablement conçue par le Haut Commandement que superbement exécutée par des chefs incomparables (¹) ».

Le 6 août, le Gouvernement décernait au général Foch le bâton de maréchal, au général Pétain la médaille militaire, et la France redressée tout entière de fierté et d'allégresse les acclamait en vainqueurs, apportant ainsi le témoignage de son admiration et de sa reconnaissance aux grands chefs qui venaient d'un geste aussi éclatant de ressaisir la maîtrise des opérations, et en qui elle pressentait déjà les artisans futurs de la victoire finale et décisive.

---

(¹) Texte de la nomination du général Foch à la dignité de Maréchal de France.

# CHAPITRE IV.

## L'offensive alliée (1$^{re}$ Période).
## La bataille de Picardie et le recul des Allemands sur la ligne Hindenburg

### (8 août-25 septembre).

**Projets du maréchal Foch (24 juillet 1918).** — A peine la manœuvre hardie du 18 juillet commençait-elle à porter ses fruits, que le maréchal commandant les Armées alliées préparait déjà d'autres opérations à grande envergure.

Il importait en effet de ne laisser à l'ennemi aucun répit qui puisse lui permettre de se ressaisir et de reconstituer ses forces. L'occasion ne pouvait être meilleure : dès maintenant, en raison même du nombre des divisions engagées par lui dans la bataille (76 du 15 juillet au 8 août, alors que depuis le 18 juillet nous n'avions à peine entamé les disponibilités alliées), nous possédions en réserve plus de divisions que lui; notre supériorité en matériel d'artillerie comme en matériel de chars d'assaut et d'aviation était incontestable et ne pouvait que s'accroître de jour en jour; enfin, grâce à l'afflux incessant des contingents américains (300 000 débarquaient par mois), nos ressources en combattants devenaient illimitées.

Vainqueur sur la Marne et dans le Tardenois, le maréchal Foch entend donc « ne pas laisser souffler l'ennemi et exploiter sans retard le renversement obtenu dans la situation militaire ». Dès le 24 juillet, au château de Bombon, près de Mormant (30$^{km}$

nord-ouest de Melun), il réunit les commandants en chef des Armées alliées et leur expose son plan d'action (*Mémoire du 24 juillet*).

Il ne s'agit pas encore pour le moment d'offensive générale, mais de « *frapper à coups redoublés* » et par des attaques séparées, variées dans le temps et dans l'espace, se succédant par surprise, aussi rapidement que possible, d'augmenter la désorganisation de l'ennemi, et de jeter le désarroi dans le Commandement allemand, en ne lui laissant aucun répit.

Après quoi, si elles réussissent, et si la saison n'est pas trop avancée, il y aura lieu de prévoir pour la fin de l'été ou l'automne, l'offensive générale et décisive qui fera crouler tout le front adverse.

« Les Armées alliées, conclut-il, sont au tournant de la route.... Le moment est venu de quitter l'attitude générale défensive imposée jusqu'ici par l'infériorité numérique et de passer à l'offensive ([1]). »

Pour ce qui est du présent, il prévoit donc, outre l'opération en cours (la réduction de la poche de Château-Thierry qui doit achever le dégagement de la voie ferrée Paris-Châlons), trois opérations à buts immédiats et à réaliser le plus tôt possible.

1º *Le dégagement de la voie Paris-Amiens*, par la réduction de la poche de Montdidier-Noyon;

2º *Le dégagement de la voie Paris-Avricourt*, interceptée vers Commercy, par la réduction de la poche de Saint-Mihiel;

3º *Le dégagement du bassin minier Bruay-Béthune*, par la réduction de la poche de Bailleul.

Et de plus, ne perdant de vue l'immense champ de bataille, quelques jours après, il invitait le général Diaz à participer à cet ensemble d'opérations sur le front occidental, en attaquant de son côté sur la Piave.

---

([1]) *Mémoire du 24 juillet.*

**La situation du côté allemand.** — Tandis qu'ainsi la victoire était en marche dans le clan des Alliés, et qu'en ces premiers jours d'août la France vibrait d'un immense enthousiasme, le plus grand effondrement moral et la plus sombre inquiétude avaient fait place en Allemagne aux espoirs de conquête, et tous les rêves grandioses s'étaient écroulés. « L'élan de l'armée, écrira plus tard Lüdendorff, n'avait pas suffi pour toucher l'ennemi de façon décisive avant que les Américains fussent sur place avec des forces importantes. J'avais clairement conscience que notre situation générale était, par là, devenue très grave ([1]). »

Depuis le 18 juillet, les pertes avaient été considérables et il avait fallu dissoudre plus de 10 divisions. Le moral de l'armée comme celui de la nation était ébranlé. Certaines unités faisaient défection.

Déjà l'Empereur inclinait vers la paix et, dans l'espoir que les Armées alliées allaient lui laisser un instant de répit, le Grand État-Major, renonçant à l'initiative des opérations, ordonnait de s'en tenir à la défensive sur l'ensemble du front.


## I. — LA BATAILLE D'AMIENS-MONTDIDIER
### (8 août-15 août).

Les opérations envisagées par le maréchal Foch devaient être préparées immédiatement et pouvoir être exécutées le plus tôt possible. La première en date fut celle de la réduction de la poche de Montdidier.

Exécutée en direction générale de Roye par *les 1re et 3e armées* françaises et *la IVe armée* britannique, elle avait été réglée ainsi qu'il suit :

*8 août*, attaque combinée de *la 1re armée (Debeney)* et la gauche de *la IVe armée W. (Rawlinson)* pour prendre pied sur les plateaux

---

([1]) *Mémoires de Lüdendorff* (t. II).

au delà de l'Avre et de la Luce; la IV<sup>e</sup> W. au Nord, la 1<sup>re</sup> armée au sud de la route Roye-Amiens.

9 *août, attaque du* 35<sup>e</sup> C.A. (*de la* 3<sup>e</sup> *armée*, mis sous les ordres du général Debéney) au sud de Montdidier, pour encercler la ville déjà menacée au Nord.

10 *août, attaque de la* 3<sup>e</sup> *armée* (*Humbert*), en direction générale de Lassigny, Roye, dans le flanc sud de l'ennemi en retraite.

Autrement dit, alors que l'attaque était couverte au Nord par la Somme, elle devait se propager de plus en plus vers le Sud au fur et à mesure des progrès des Alliés. Le général Debeney, dans le but d'assurer l'unité de direction, était placé sous les ordres du maréchal Haig.

Ce programme fut exécuté de tous points. D'ailleurs, dès la fin de juillet (25-26), la 1<sup>re</sup> armée, par une action locale au nord de Cantigny-Grivesnes, s'était assuré une bonne base de départ, et au début d'août, l'ennemi sentant sa situation aventurée à l'ouest de l'Avre avait complètement replié ses forces à l'est de la rivière, n'en gardant les passages qu'avec de légers éléments.

La concentration des moyens d'attaque s'opéra en trois nuits dans le plus grand secret :

*La IV<sup>e</sup> armée W.* disposait de 16 DI. réparties en trois corps;

*La 1<sup>re</sup> armée* (*Debeney*) de 15 DI. en 4 C.A. (31<sup>e</sup>, 9<sup>e</sup>, 10<sup>e</sup>, 35<sup>e</sup>) appuyées par 350 pièces d'A.L. et de nombreux chars;

*La 3<sup>e</sup> armée* (*Humbert*) était réduite à ses seules forces du secteur, 8 divisions (34<sup>e</sup> et 15<sup>e</sup> corps).

**Journée du 8 août.** — Le 8 août à 4<sup>h</sup> 20<sup>m</sup>, « Jour de deuil de l'armée allemande dans l'histoire de cette guerre [1] », la 4<sup>e</sup> armée W. attaque avec ses deux corps de droite (Canadiens et Australiens) appuyés par de nombreux tanks, et sans préparation d'artillerie, sur un front de 18<sup>km</sup>, de Morlancourt (au nord de la Somme), à la route de Roye-Amiens (limite avec les Français) :

---

[1] *Mémoires de Lüdendorff.*

La surprise est complète, la cavalerie et les tanks sèment la panique, et l'ennemi en désarroi se replie à grands pas en direction de Chaulnes.

*A 5ʰ, au sud de la Somme,* après 45 minutes de préparation d'artillerie, le 31ᵉ corps français (5 DI. sur trois lignes en profondeur) attaque entre Moreuil (inclus) et les Anglais.

Moreuil, encerclé par le Nord et le Sud, tombe aussitôt, et le débouché à l'est de la Luce est rapidement assuré.

*Alors à 8ʰ 20ᵐ le 9ᵉ corps* entre en ligne plus au Sud dans la région de Braches, ouvre les passages de l'Avre que traversent, après consolidation des ponts, les chars d'assaut, et progresse en direction d'Hangest-en-Santerre, dont il atteint les abords dans la soirée.

*Massé derrière lui, le 10ᵉ C.A.* utilise la tête de pont gagnée au delà de l'Avre, traverse la rivière à son tour, et prépare par le Nord le débordement de Montdidier.

Le butin est considérable : les Britanniques ont capturé 7000 prisonniers, 100 canons; une seule DI. de la 1ʳᵉ armée française a pris 2000 prisonniers et n'a eu que 400 hommes hors de combat, dont 80 tués.


**Journées des 9 et 10 août.** — Le lendemain, la manœuvre se développe avec un plein succès : à midi Hangest est enlevé, et à 16ʰ le 35ᵉ corps s'élançant à l'attaque au sud de Montdidier bouscule l'ennemi complètement surpris et atteint Faverolles sur la route de Roye à Montdidier.

Le même soir, les Britanniques avaient porté leur ligne à Proyart et Rouvray, ayant largement dépassé Rosières-en-Santerre et menaçant Chaulnes.

Dès lors, Montdidier était virtuellement perdu pour les Allemands : dans la nuit ils évacuent la ville qui n'est plus d'ailleurs qu'un amas de ruines, et nos troupes y pénètrent le 10 à midi.

Mais l'action s'est généralisée plus à l'Est : *la 3ᵉ armée* (34ᵉ et 15ᵉ C.A. = 7 DI.), qui attendait impatiemment son heure, s'est, à 4ʰ 20ᵐ, élancée à l'assaut, appuyée par des chars d'assaut, sur le front de Courcelles à Chevincourt. D'un bond elle a réalisé à sa gauche une progression de plusieurs kilomètres et en fin de journée elle a atteint les abords du massif de Lassigny et Roye-sur-Matz, en liaison vers Bus avec l'armée Debeney.

La XVIII<sup>e</sup> armée allemande (von Hutier) se retirait dans une hâte désordonnée, tandis qu'au nord de la Somme le 3<sup>e</sup> C.A.W. refoulait les troupes de la II<sup>e</sup> (von Marwitz) et assurait la gauche de l'armée Rawlinson sur le front Dernaucourt-Eitenhem.

**Du 11 au 15 août.** — Dès le 10 au soir, le Maréchal Foch qui songe à exploiter la victoire par les ailes, c'est-à-dire au sud de l'Oise et au nord de la Somme, active énergiquement les armées alliées en direction de l'Est :

*La 4<sup>e</sup> W.* vers la Somme, qu'elle doit atteindre au nord de Ham ;

*La 1<sup>re</sup> (Debeney)*, vers la route Ham-Guiscard ;

*La 3<sup>e</sup> (Humbert)*, vers la région de Noyon.

Du 11 au 15, ces trois armées poursuivent donc leur action : mais partout l'ennemi installé dans ses anciennes positions de 1916 commence à opposer une résistance de plus en plus grande, les pertes augmentent et les gains réalisés diminuent. La bataille d'Amiens à Montdidier semble close et elle ne reprendra de l'allure que par l'entrée en action de nouvelles forces aux ailes.

Néanmoins, les résultats obtenus en ces huit jours de combat étaient déjà considérables : la voie de Paris-Amiens dégagée, un butin immense, 35 000 prisonniers, 600 canons, sans compter des trains complets, et de nombreux dépôts de matériel et d'approvisionnements, le saillant de Montdidier réduit et la lutte reportée sur les positions de 1916.

Chez l'ennemi la situation s'aggravait : les divisions fondaient à vue d'œil, et 24 nouvelles avaient été appelées à la bataille, venues de Verdun, des Flandres, du front d'Ypres et de Lille.

Ainsi, en un mois, presque tout le bénéfice des offensives de printemps était perdu, et la déception allemande était immense.

« La guerre ne peut plus être gagnée » et il ne s'agit plus que de songer à la défense. « Ce jour-là, 8 août, écrit Lüdendorff, les chefs d'armée virent clair, le général Foch comme moi-même. La grande offensive de l'Entente, la lutte finale de la Guerre mondiale commençait et l'adversaire la poussait avec d'autant plus d'énergie que notre destin lui apparaissait plus clairement. »

Dès lors, les négociations de paix vont se faire jour.


## II. — L'EXTENSION DE LA BATAILLE AUX AILES

### ( 18-30 août).

**Extension de la bataille aux ailes.** — La bataille de Picardie semblait arrivée à son point mort, lorsque brusquement elle allait rebondir aux ailes :

1º *Tout d'abord l'action va s'étendre vers le Sud*, grâce aux prévisions du général Pétain qui, dès le 8 août, après le refoulement des Allemands au nord de la Vesle, a prescrit au général Fayolle, commandant le G.A.R. de préparer une offensive entre l'Oise et l'Ailette, et de conquérir les plateaux entre Oise et Aisne, de façon à faire tomber par débordement la défense adverse à l'est de Soissons. Par suite, la 10e armée (Mangin) va s'engager progressivement du 17 au 19 août.

2º *La bataille va s'étendre au Nord* par les entrées en action successives de la 3e armée W. (Byng) en direction de Bapaume et de la droite de la 1re armée W. (Horne) à l'est d'Arras.

Dès le 10 août, en effet, le Maréchal Foch avait attiré l'attention du maréchal Haig sur les avantages d'une poussée en direction de Bapaume et Péronne, afin d'amplifier l'ébranlement du front ennemi produit par l'offensive menée à ce moment en direction de Roye.

De cette suggestion, le maréchal Haig édifia un plan de manœuvre qui comportait deux phases :

A. Réduire le saillant formé par le front allemand autour de Bapaume, depuis le recul ennemi sur la Somme et sur l'Avre.

B. Chercher ensuite la rupture sur l'axe Arras-Cambrai, de façon à déborder par le Nord l'extrémité nord-ouest de la ligne Hindenburg, en faisant sauter la « Bretelle » Quéant-Drocourt, qui relie cette ligne à l'ancien front.

Ainsi donc, du 17 août au 7 septembre, va-t-on voir quatre efforts successifs des Armées alliées :

*Du 17 au 22 août*, attaque au sud de l'armée Mangin ;

*Du 21 au 26 août*, attaque des 4e et 3e armées W. en direction de Bapaume ;

*Du 26 au 29 août*, attaque de la 1re armée W. au sud de la Scarpe ;

*Du 29 août au 7 septembre* enfin, repli de l'ennemi sur la ligne Hindenburg, depuis Arras à l'Aisne, sous la poussée générale des cinq armées alliées.

Et ainsi, après que du 15 au 18 août les armées Rawlinson, Debeney et Humbert, maintenant leur pression par des attaques incessantes, ont porté leur front sensiblement sur la ligne générale Bray-sur-Somme, Lihons, Camp de César (ouest de Roye), Lassigny-Ribécourt, les offensives vigoureuses du général Mangin à l'aile droite, et des généraux Byng et Horne à l'aile gauche, vont ébranler à nouveau l'adversaire et le forcer à reculer jusqu'à la Somme et l'Ailette inférieure.

**Attaque de la 10e armée (Mangin) entre Oise et Aisne (18-22 août).** — L'offensive de l'armée Mangin qui comprend 4 C.A. (18e, 7e, 30e, 1er), soit 14 divisions, débute *le 17 août* par une attaque préliminaire destinée à rectifier son front, et qui, continuée les 18 et 19 en s'élargissant, l'amène à Nampcel, Morsains et Nouvion-Vingré, après avoir ramassé 2000 prisonniers.

*Le* 20 *août*, l'attaque alors se généralise en s'étendant au total sur près de 5o$^{km}$ de l'Oise à Soissons : malgré la difficulté du terrain très boisé et mouvementé, elle bouscule l'ennemi qui perd encore 8000 prisonniers, et gagne du coup 4$^{km}$ en profondeur.

Les jours suivants, la pression continue, et le 22 la 10$^e$ armée borde l'Ailette et l'Oise, menaçant par sa droite les hauteurs nord de Soissons, par sa gauche le flanc sud de l'armée von Hutier au nord de l'Oise, et ayant creusé dans le front adverse une poche profonde de plus de 15$^{km}$.

Profitant de ce succès, *la* 3$^e$ *armée* (*Humbert*) avait à sa gauche repris énergiquement l'offensive, enlevé Lassigny, et franchi la Divette dans la partie Est de son cours, presque aux portes de Noyon.

**Attaques anglaises sur l'Ancre en direction de Bapaume (21-26 août).** — L'offensive britannique se déclenche le 21, également par une opération préparatoire de la 3$^e$ armée (Byng) destinée à permettre ultérieurement le débordement de l'important centre de résistance de Thiepval, et qui porte le front anglais en partie au delà de la voie ferrée Arras-Amiens qui jalonne à l'Ouest la position principale de l'ennemi.

Ce résultat obtenu, l'attaque se généralise *le* 22 à toute la 3$^e$ armée W. et à la gauche de la 4$^e$ (Rawlinson), sur un front total de 53$^{km}$, depuis le nord de Lihons jusqu'à Mercatel, et avec l'appui d'une centaine de tanks.

Du 22 au 26 août, les deux armées W. frappent énergiquement entre la Sensée et la Somme, mordant dans l'ancien champ de bataille de 1916 : les puissantes organisations de Thiepval sont débordées et enlevées presque sans perte, Bray-sur-Somme est largement dépassé, Bapaume est presque encerclé.

**Attaque de la 1$^{re}$ armée W. (Horne) à l'Est d'Arras (26-29 août).** — Conformément aux instructions du maréchal Haig, c'est-à-dire dès que les progrès de la 3$^e$ armée (Byng) se montrèrent suffisants pour mettre en mauvaise posture le saillant ennemi créé au sud d'Arras, la bataille se généralisa encore au Nord sur le front de la 1re armée W. (général Horne).

*Le 26 août* à l'aube, les Canadiens de la 1re armée W. tombant sur l'aile droite de la XVIIe armée allemande, la surprenaient complètement et lui enlevaient la position importante de *Monchy-le-Preux*, qui domine toute la région au sud de la Scarpe.

Du 27 au 29, à cheval sur la rivière, les Britanniques continuaient leur action et atteignaient le 29, à Fontaine-Croisilles, l'ancien rameau de la ligne Hindenburg construit de Drocourt à Quéant.

**Reflux allemand sur la Somme (20-26 août).** — Aussi menacé sur ses deux ailes, l'ennemi a-t-il commencé le 26 à faire refluer son centre, et à entamer le repli général sur la ligne de la Somme et du Canal du Nord.

De Bapaume à l'Oise, le décollement se produit sur toute la ligne. Le 27, nous entrons à Roye et Chaulnes, le 28 les Britanniques dépassent Combles, la 3e armée Humbert aborde Noyon, l'armée Debeney entre à Nesles.

Le 29 enfin, Bapaume tombait à son tour, et notre front s'alignait depuis Croisilles, Bapaume et Péronne (exclus), par la Somme et le Canal du Nord, jusqu'au delà de Noyon reconquis pour la seconde fois.

# III. — LE REPLI ALLEMAND

## (30 août-7 septembre).

L'ennemi espérait tenir quelque temps sur ces positions, pendant qu'à l'arrière on poussait activement les travaux dans l'ancienne ligne Hindenburg et que plus à l'Est encore se créaient de nouvelles organisations.

Mais le Commandement allié déjoue ce calcul en engageant de nouveau la bataille aux deux ailes. Tandis qu'au Sud l'armée Mangin va refouler irrésistiblement les forces ennemies jusqu'au massif de Saint-Gobain et atteindra la ligne Hindenburg, au Nord une nouvelle et puissante offensive des armées anglaises va déborder le système fortifié de l'adversaire. Cette double manœuvre contraindra les Allemands à un repli général vers leur ancienne ligne de 1917.

1° **Poussée de l'armée Mangin (10ᵉ armée).** — Le 30, la 10ᵉ armée franchit l'Ailette en même temps qu'elle refoule l'ennemi au nord-est de Soissons et s'empare de Chevigny et de Juvigny, puis le lendemain de Crécy-au-Mont. Bien que la résistance de l'ennemi s'accentue, elle élargit encore ses gains les jours suivants, enlève le 5 septembre Coucy-le-Château. Finalement, le 8 septembre, sa gauche borde le massif de Saint-Gobain, tandis que par sa droite elle s'est avancée sur les plateaux entre Aisne et Ailette, à l'est de Vauxaillon-Laffaux, et a rejoint l'Aisne à Celles-sur-Aisne.

2° **Poussée de la 5ᵉ armée (Berthelot) et de la 6ᵉ armée (Degoutte)** (¹). — L'avance de la 10ᵉ armée a aussitôt sa répercussion sur le front de la Vesle tenu par les 5ᵉ et 6ᵉ armées ; dès le 4 nos troupes franchissent la rivière sur un front de 30$^{km}$ et gagnent 4$^{km}$ en profondeur.

Le 6 elles bordaient l'Aisne jusqu'à hauteur de Vieil-Arcy, et par Revillon et Breuil se raccordaient à l'Est à l'ancien front sur la Vesle.

3° **Poussée de la 1ʳᵉ armée britannique Horne.** — Pendant que les opérations de l'armée Mangin l'amenaient à border le massif de Saint-Gobain, pilier sud de la ligne de défense alle-

---

(¹) La 6ᵉ armée Degoutte sera retirée par suite du raccourcissement du front à la date du 9 septembre.

mande, l'armée Horne s'attaquait au pilier nord, constitué par la charnière des systèmes Drocourt-Quéant et Hindenburg.

L'offensive se déclencha le 2 au matin, de part et d'autre de la grande route Arras-Cambrai. En trois jours, après un combat extrêmement dur à Quéant, nos Alliés brisaient la résistance ennemie, franchissaient le puissant réseau des défenses allemandes, réalisant une avance centrale de 20$^{km}$, qui les portait le long du canal du Nord au sud d'Arleux et aux abords de Marquion; ils avaient capturé 19 000 prisonniers et 200 canons.

4° **La poussée sur le centre de Bapaume à l'Oise.** — Talonné par les Alliés au centre, menacé à ses ailes par la progression vigoureuse des armées Mangin et Horne, l'ennemi se décida à se dérober à nouveau et à effectuer le repli général sur la ligne Hindenburg :

Dans la nuit du 3 au 4, il se dérobait à l'ouest et au nord de Noyon.

Et *l'armée Humbert*, gardant le contact, progressait sans arrêt sur les routes d'Ham et de Chauny.

Le 7, elle tenait le canal Crozat de Saint-Simon à Tergnier.

*L'armée Debeney*, qui dès le 3 avait pu franchir la Somme vers Épénancourt, atteignait le 7 la ligne Saint-Simon-Villévêque.

*Les armées Rawlinson et Byng*, plus au Nord, suivaient le mouvement et gagnaient à la même date la ligne générale Roisel-Heudicourt-Mœuvres.

5° **Le repli ennemi sur la Lys.** — En même temps la nécessité de raccourcir son front, pour récupérer des divisions, amène l'ennemi à se replier sur la Lys et à abandonner sans lutte la poche de Bailleul, conquise du 9 au 15 avril au cours de sanglants combats.

Le 30 août, les Anglais, suivant de près les arrière-gardes allemandes, pénètrent dans Bailleul et Merville. Le 31, ils reprennent le Mont Kemmel et bordent la Lawe de Lestrem à Vieille-Chapelle. Du 1$^{er}$ au 5 septembre, ils occupent Vormezeele, dépassent

Wytschaete, Neuve-Église et Laventie. Ainsi Hazebrouck et Béthune ne sont plus menacées, Ypres est dégagée vers le Sud et nos Alliés sont aux abords d'Armentières et de La Bassée.

**Résultats de la bataille du 8 août au 8 septembre.** — En un mois, la grande bataille dite « de Picardie », mais qui peu à peu s'était élargie jusqu'à embrasser tout le front d'Ypres à Reims, avait donc tourné à la grande victoire et ses résultats étaient considérables.

Les Alliés avaient entièrement réduit les vastes poches creusées par l'ennemi en mars et avril, et par endroits ils avaient mordu profondément dans l'ancien système de défense ennemie. Ils avaient capturé près de 150 000 prisonniers dont près de 3000 officiers, plus de 2000 canons et de 13 000 mitrailleuses, un matériel, et des approvisionnements immenses. L'Allemagne voyait crouler tous ses plans et ses armées étaient ramenées, ou presque, à leurs bases de départ d'il y a six mois.

Magnifique succès qui affirmait l'étroite liaison des Armées alliées, la concordance de leurs efforts, l'énergie et le talent des généraux qui commandaient à ces troupes héroïques, et, par-dessus tout, la maîtrise et la volonté du Maréchal commandant en chef qui avait su garder l'initiative des opérations et réaliser cette belle victoire.

## IV. — LA BATAILLE SUR LES AVANCÉES
## DE LA LIGNE HINDENBURG
### (8-25 septembre).

Dès la fin d'août, le Maréchal commandant en chef, tenu au courant de la situation de l'armée allemande par les renseignements du 2e Bureau du G.Q.G., estimait que l'heure approchait où la désorganisation et la fatigue des forces adverses seraient telles, qu'un assaut général amènerait la défaite de l'ennemi.

Tous ses efforts tendent donc à organiser cette offensive, et il
en fixe les grandes lignes dès les premiers jours de septembre
(*voir* plus loin).

Mais pour le moment il convient d'abord de rejeter plus complètement encore l'ennemi sur les positions dont il escompte
l'appui, pour soutenir une longue guerre défensive, et de nous
assurer sur tout le front une *base de départ permettant le déclenche-
ment d'une offensive générale* : ce sera le but des opérations du
mois de septembre, caractérisées par :

1º La réduction de la poche de Saint-Mihiel ;

2º La lutte des Armées alliées du Centre dans les avancées de
la ligne Hindenburg.

### 1º La victoire américaine de Saint-Mihiel

### (12 septembre).

Depuis la fin de juillet, l'armée américaine, dont le nombre des
divisions ne cessait de s'accroître (1), était devenue une armée
autonome. Le Maréchal Foch songeait de longue date à son utilisation, et le général Pershing réclamait aussi sa part dans la victoire : l'opération de Saint-Mihiel, bien que déjà de nombreuses
unités américaines eussent vaillamment combattu dans nos rangs,
allait réellement être les débuts de la jeune armée. Il avait été
convenu que le Commandement français l'aiderait dans toute la
mesure du possible de ses conseils d'abord, et aussi du concours
de son artillerie et de tous ses moyens matériels.

Aux premiers jours de septembre tout était au point : *la
1re armée américaine* comprenait trois corps d'armée, soit 14 divisions américaines et un corps français à 3 DI., le 2e corps colonial,
appuyés par la majeure partie de l'artillerie de la 2e armée fran-

---

(1) Au début du mois de septembre, il y en avait 23, tant dans le secteur français que dans le secteur anglais.

çaise (250 batteries dont 150 d'A.L.), 270 chars d'assaut et de nombreuses escadrilles.

L'objectif était la conquête de la ligne Les Éparges-Vigneulles-Thiaucourt (65[km], des côtes de Meuse à la Moselle) et l'opération comportait deux attaques, chacune sur une des faces du saillant de Saint-Mihiel :

*Au Sud, attaque principale* en direction du Nord-Ouest, menée par les 1er et 4e C.A. américains entre Xivray et Pont-à-Mousson;

*Au Nord, attaque secondaire* en direction de l'Est, menée par le 5e corps américain, au nord de Spada;

*Au Centre, le* 2e *corps colonial* (2e C.A.C., 2 DI.) relierait les deux actions en pressant en direction de Saint-Mihiel débordé par les attaques d'ailes.

Du côté allemand, l'ensemble de la poche de Saint-Mihiel, de Fresnes-en-Woëvre à la Moselle, était tenu par 8 divisions dont une autrichienne.

Pressentant les préparatifs d'attaque dans cette région, l'ennemi se préparait à évacuer la poche, opération méthodiquement organisée depuis longtemps, et à replier le gros de ses forces et la majeure partie de son artillerie lourde sur *la position Saint-Michel* qui constituait la corde du saillant. Mais cette évacuation n'était à peine en cours que le général Pershing, prévenu, brusquait les choses et attaquait subitement le 12 septembre.

**L'attaque franco-américaine des 12-13 septembre.** — Après une préparation d'artillerie de 4 heures, l'opération se déroule conformément au programme prévu :

C'est en Woëvre que les résultats sont les plus rapides. A 11[h] 40[m], le centre américain occupe Thiaucourt, réalisant une avance de 8[km]; à midi, Pannes est pris; avant 13[h], nos Alliés entrent dans Nonsard.

Sur les Hauts-de-Meuse, l'ennemi dispose d'un terrain excellent et sa résistance est acharnée; mais il ne peut empêcher la progression alliée. Le 12, au soir, les hauteurs de Combres sont en notre pouvoir; Saint-Rémy, Dommartin et Seuzey sont largement dépassés, pendant que, plus au Sud, nous sommes entrés à Saint-Mihiel et avons remporté d'assaut le village d'Apremont, tant de fois disputé depuis quatre ans.

Les résultats de ce premier jour de bataille se lisent sur la carte. Produisant leur effort principal aux extrémités des deux branches du saillant, les Franco-Américains ont franchi de part et d'autre la moitié de la distance qui les sépare de Vigneulles-lès-Hattonchâtel.

L'opération est presque terminée. Le 13, tandis que s'opère le nettoyage de toute la partie bouclée, les troupes alliées, après avoir assuré leur liaison à Vigneulles, font face au Nord-Est, descendent de Trésauvaux et de Combres dans la plaine, poussent jusqu'à Fresnes-en-Woëvre, débordent la route de Fresnes à Vigneulles et occupent solidement Saint-Benoît, Xammes, Jaulny, et Norroy.

**Les résultats.** — Plus de 15 000 prisonniers et de 400 canons, la capture d'un important matériel (locomotives, voitures, munitions, équipements, etc.), tel est le bilan de cette brillante opération.

Mais la réduction du saillant de Saint-Mihiel est d'une autre importance : c'est la disparition de la menace perpétuelle que l'ennemi faisait peser sur notre flanc droit. Après le recul allemand sur la Lys, sur la Somme et sur la Marne, c'est Verdun définitivement dégagé; c'est la libération de notre grande voie de rocade Verdun-Toul; c'est le premier pas vers Briey et Metz; c'est l'établissement d'une zone de départ puissante en vue d'opérations ultérieures.

Ce beau succès, tout à l'honneur de la nouvelle armée américaine, était déjà le gage des magnifiques victoires que, moins d'un mois après, elle allait encore remporter en collaboration avec la 4e armée (Gouraud), lors de l'offensive générale en direction de Sedan.

## 2° Lutte des armées du centre entre la Scarpe et l'Aisne

### (12-25 septembre).

Pendant que ces événements se passaient à l'Est, au centre du front les Armées alliées continuaient à tenir l'ennemi en haleine et s'efforçaient d'approcher la ligne Hindenburg partout où elles ne l'avaient pas encore atteinte, entre Marquion et l'Oise.

Havrincourt, Trescaut, le bois d'Holnon sont enlevés après de durs combats par la 4$^e$ armée britannique, tandis que la 1$^{re}$ armée (Debeney) progresse au sud de l'Omignon et que, plus au Sud, la 3$^e$ (Humbert) franchit le canal Crozat et atteint l'Oise à Travecy. Mais plus on approche de la ligne Hindenburg, plus la résistance de l'ennemi se montre âpre et tenace.

Une grande action d'ensemble est montée pour le 18 septembre, de concert avec les Armées britanniques :

*La 4$^e$ armée (Rawlinson)* attaque ce jour-là sur 25$^{km}$, entre Gouzeaucourt et le bois d'Holnon, par une pluie torrentielle : elle enlève Pontru, Villeret, Hargicourt et ramasse 10 000 prisonniers, 150 canons. Les jours suivants, des combats acharnés se déroulent au Nord : Mœuvres est pris et repris; une contre-attaque allemande sur Trescaut, menée par 2 divisions, subit un sanglant échec. Finalement, le 24, Lempire et Gricourt restent aux Britanniques.

*La 1$^{re}$ armée (Debeney)* (¹), qui appuie énergiquement au Sud . l'armée Rawlinson, se heurte encore à une résistance plus tenace sur le front entre Somme et Oise : du 18 au 24, elle combat sans arrêt, s'empare de Contescourt, de l'importante position de l'Épine de Dallon et borde l'Oise jusqu'à Vendeuil, en passant par Essigny-le-Grand.

*Le 10$^e$ armée (Mangin)*, que nous avons laissée le 8 septembre

---

(¹) Au 14 septembre, l'État-Major de la 3$^e$ armée avait été retiré du front et mis en réserve. Le secteur de cette armée était alors passé sous les ordres de la 1$^{re}$ armée.

aux abords du massif de Saint-Gobain, a continué aussi, à partir
du 14, sa pression en direction de Laon. Le 20, après une lutte
acharnée, elle avait pris pied sur les plateaux à l'est de Vauxaillon et d'Allemant et du moulin de Laffaux, et tandis qu'elle
occupait Vailly sur l'Aisne, elle entamait déjà, par la prise du
bois Mortier, le sud du massif de Saint-Gobain, le pilier d'angle
de la ligne Hindenburg.

# CHAPITRE V.
## L'offensive générale des alliés (2ᵉ Période)
### (26 septembre-11 novembre).

## I. — LA RUPTURE DE LA LIGNE HINDENBURG
### (26 septembre-13 octobre).

**La position Hindenburg.** — La position Hindenburg, souvent appelée improprement « Ligne Hindenburg », ce qui pourrait faire croire à un système de défense purement linéaire, constituait en réalité une zone fortifiée dont l'épaisseur par endroits atteignait 10$^{km}$.

C'est à la fin de l'année 1916 qu'Hindenburg, dont le plan de guerre pour l'année 1917 comportait la stricte défensive en Occident, avait conçu cette organisation, sur laquelle le front allemand s'était volontairement replié au mois de mars 1917.

Ce recul avait été présenté par la presse germanique comme une « géniale manœuvre » destinée par un raccourcissement du front à procurer à l'État-Major allemand la disponibilité de quelques divisions, tout en enlevant au Commandement allié le bénéfice de l'offensive de printemps qu'il préméditait.

En réalité, ce raccourcissement du front avait été tout aussi bien au bénéfice des Armées alliées, et ce recul volontaire n'avait été qu'un aveu d'impuissance devant la supériorité de nos armes. « Il constituait, écrit Lüdendorff dans ses *Mémoires*, une grave décision et un aveu de faiblesse, mais les nécessités militaires imposaient cette solution. »

Il avait été imposé par la pénurie croissante des effectifs allemands après la bataille de la Somme aussi bien que par la situation aventurée des saillants qu'elle avait déterminés dans le front ennemi autour de Bapaume et de Roye. Et par conséquent il constituait un des résultats importants de notre victoire.

La position Hindenburg s'appuyait à deux piliers indispensables à la sécurité du front allemand : *Au Nord, la région Cambrai-Douai*, nœud de voies ferrées d'importance vitale pour les mouvements de rocade; *au Sud, le massif de Laon-Saint-Gobain*, bastion avancé de la région de l'Ile-de-France.

Ces deux piliers étaient raccordés par une « courtine » jalonnée par La Fère, Saint-Quentin, et le canal de Saint-Quentin, englobant, sur une profondeur moyenne de $8^{km}$ à $10^{km}$, tous les accidents du sol, et elle était renforcée en outre par un système perfectionné d'inondations.

Dans son ensemble, cette position, qui comportait jusqu'à 3 et 4 lignes de défenses successives, était constituée par un lacis inextricable de tranchées et de centres de résistance, protégés par de triples ou quadruples réseaux de fils de fer extrêmement épais, littéralement bondés de casemates bétonnées, d'abris profonds et de mitrailleuses insoupçonnées, qui assuraient le flanquement des moindres angles morts.

Dans ce réseau à larges mailles, les Allemands supposaient bien que l'assaillant se ferait toujours prendre, même s'il réussissait à en rompre quelques-unes.

Choisie après mûre réflexion, la position Hindenburg, dont les photographies aériennes nous avaient en partie révélé la solidité et la puissance, avait accaparé toutes les positions dominantes, et du haut de ses observatoires, l'ennemi pouvait à vue, lire dans notre jeu, scrutant jusqu'à plus de $10^{km}$ en profondeur les moindres replis du terrain que par sa dévastation systématique, il avait transformé en véritable glacis.

**Situation allemande au 25 septembre.** — L'ennemi replié sur ses bases de départ a donc dû évacuer tout le terrain qu'il a conquis en 1918.

Du 15 juillet au 25 septembre, il a dû envoyer à la bataille 163 divisions et s'il lui reste encore 68 DI. en réserve, il n'en possède plus que 21 de fraîches.

Malgré une réduction de front de près de 200$^{km}$, il doit néanmoins maintenir en ligne le même nombre de DI. qu'au 15 juillet, tellement ont baissé les effectifs des unités. Il lui a fallu dissoudre 16 DI. et ramener dans beaucoup d'autres les bataillons à 3 compagnies.

Tous les documents pris à l'ennemi nous confirment cette usure de l'armée allemande.

L'État-Major allemand qui, depuis le 8 août, n'espère plus la victoire, n'a d'ailleurs pas attendu que la position Hindenburg soit déjà ébréchée en un point, pour prendre des mesures de précaution. Déjà il a prescrit :

1º L'évacuation de tout le matériel de guerre rassemblé depuis 4 ans dans la région du Nord;

2º Des préparatifs de destruction sur les routes, les voies ferrées et dans les mines de houille;

3º La constitution d'une première position de repli : La Herman-Stellung (Lys-Escaut-Guise);

4º Enfin la reconnaissance en arrière d'une deuxième position : Anvers-Meuse.

**Les projets du Maréchal Foch.** — Aux signes de désorganisation et de fatigue qu'avaient montrés les troupes allemandes au cours du mois d'août, le Maréchal Foch avait estimé que l'heure était proche d'envisager la victoire décisive par une bataille générale.

Dès le 30 août, il en a défini l'économie : Il estime qu'il est temps d'exploiter à fond la situation créée par la bataille de Picardie, pour étendre la bataille jusqu'à la Meuse « *en y amenant toutes les forces alliées dans une action convergente* ».

La convergence des efforts peut seule en effet procurer de grands résultats, en forçant l'ennemi à de profonds reculs; en outre elle permettra le raccourcissement du front, c'est-à-dire la possibilité de nous reconstituer des réserves et par suite la possibilité de *conserver aux attaques une intensité soutenue.*

Pour déployer dans cette bataille *le maximum de forces,* il fera appel à *toutes* les forces alliées, non seulement en demandant un nouvel effort aux armées françaises et anglaises, mais encore, en amplifiant le rôle de l'armée américaine et en engageant l'armée belge : chacun des alliés aura ainsi sa tâche assignée pour l'obtention de la victoire finale, et, à ce prix-là seulement, on donnera aux attaques le *maximum d'extension, de durée et de puissance matérielle aussi bien que morale.*

**Les directives du 3-8 septembre.** — Telles sont les considérations qui amenèrent le Maréchal Foch à élaborer les directives du 3-8 septembre qui préparent la grande bataille concentrique de la mer à la Meuse.

Trois grandes opérations convergentes sont prévues :

1º *Une opération dans les Flandres,* « où la faible densité des troupes ennemies de la Lys à la mer, leur état de fatigue et l'absence de réserves peuvent créer à bref délai une situation favorable à exploiter ».

Cette opération, menée par l'Armée belge appuyée par des divisions françaises et anglaises, visera d'abord la conquête d'une base de départ par l'enlèvement du front forêt d'Houthulst-crête de Paschendaele-Gheluvelt-Comines, puis une exploitation aussi immédiate que possible, d'une part, sur Bruges, pour dégager la côte, d'autre part, vers l'Est, en direction de Thielt et de Gand.

2º *Une opération centrale,* dans laquelle les armées anglaises et la gauche de l'armée française attaqueront en direction de Cambrai-Saint-Quentin, pour forcer la position Hindenburg avant que l'ennemi ait eu le temps de s'y organiser, le centre français continuant une action énergique pour rejeter l'ennemi au delà de l'Aisne.

3º *Une opération de part et d'autre de l'Argonne* en direction générale de Mézières, dans laquelle toutes les forces américaines disponibles attaqueront entre Meuse et Argonne (incluse) et seront appuyées à l'Ouest par la 4e armée française, qui attaquera entre l'Argonne et la Suippe.

De ces trois opérations, la dernière devait être la plus féconde en résultats : S'attaquant en effet à l'articulation de la première position allemande avec les secondes lignes (Krienhild, Brunehild, Hunding), prolongement de la Herman-Stellung vers l'Est, elle devait fatalement, si elle la brisait et la dépassait, déborder rapidement tout le système des grandes lignes de repli de l'ennemi et intercepter la rocade ferrée Hirson-Mézières, provoquant ainsi la rupture fatale des armées allemandes en deux tronçons de part et d'autre du massif des Ardennes.

Ces trois attaques porteront donc la bataille sur tout le front de la mer à la Meuse, soit sur les deux tiers du front allemand. Elles devront se produire à une date voisine du 25 septembre.

En fait, la bataille de Champagne-Argonne débutera le 26 septembre, celle du Cambrésis le 27, celle des Flandres le 28. Et le 29, menée par 12 armées, sera engagée « la plus grande bataille de l'Histoire ».


**La bataille de Champagne-Argonne et entre Aisne et Oise**

**(26 septembre-12 octobre).**


**La bataille du 26 au 30 septembre.** — Le 26, au matin, l'offensive est déclenchée en Champagne et en Argonne sur un large front de 70$^{km}$ :

*La 4e armée (Gouraud)*, 7 C.A. = 27 DI., de la Suippe à Vienne-le-Château, en liaison à droite avec les Américains.

*La 1re armée américaine* (1re A.U.S). de Vienne-le-Château à la Meuse (15 divisions, dont 9 en 1re ligne) [1].

---

[1] Sur ces 9 DI., trois seulement avaient pris part à des opérations actives.

La direction générale d'attaque est Sedan-Mézières, et le massif de l'Argonne doit être débordé par les deux progressions latérales.

Le 1er jour, l'ennemi a évacué sa première position comme nous au 15 juillet, et l'armée Gouraud, ayant reconquis ses anciennes lignes, marque une avance générale de 5km à 6km. De même, les Américains progressent rapidement et enlèvent à l'ouest de la Meuse la forte position de *Montfaucon*. En Argonne, les progrès sont faibles et l'on ne prend que le *bois de la Grurie*.

Mais les jours suivants, l'ennemi oppose bientôt une résistance de plus en plus âpre : la 4e armée est arrêtée sur la ligne de la Py dominée au Nord par la hauteur de Mont-Notre-Dame; à l'ouest de la Meuse l'armée américaine gagne bien Nantillois, mais dans l'Argonne elle est toujours obligée de marquer le pas.

Le 30 septembre, le temps était devenu détestable, l'opération semblait momentanément arrêtée, et les Américains, entassés entre Aisne et Meuse, et ayant de grosses difficultés de ravitaillement, subissaient de fortes pertes. Mais les opérations qui, à partir de cette date, allaient se dérouler à gauche de la 4e armée, ne devaient pas tarder à relancer son offensive.

**Progression des 5e et 10e armées au centre (29 septembre-4 octobre).** — *La 10e armée (Mangin)*, qui, du 20 au 25 avait occupé, comme on a vu plus haut, les plateaux à l'est de Vauxaillon et de Laffaux, n'était pas restée inactive et avait continué à harceler l'ennemi : le 30 elle avait enlevé la forêt de Pinon et atteint Chavonne sur l'Aisne.

*Aussitôt la 5e armée (Berthelot)* avait reçu l'ordre d'agir sur le front de la Vesle et dès le lendemain 30, attaquant de Glesnes à Jonchery, elle avait traversé la rivière.

Menacés déjà par l'avance de la 10e armée au nord de l'Aisne, les Allemands cherchèrent aussitôt à se décrocher et se replièrent rapidement devant la 5e armée. Le 3 octobre, le repli se généralisait au nord-est de Reims, où le 1er corps colonial attaquait les hauteurs de Saint-Thierry, et se portait du coup jusqu'à Loivre.

Dès lors, tout le pays entre la Vesle et l'Aisne était nettoyé et l'ennemi rejeté au Nord de cette rivière.

**Le repli allemand entre Oise et Argonne (5-13 octobre).** — Mais la poche ainsi créée mettait en péril aussi bien les troupes allemandes du Chemin des Dames, que celles qui tenaient en Champagne devant *la 4e armée*.

Celle-ci d'ailleurs, après quelques jours d'accalmie, était repartie de l'avant : dès le 3, ses corps de gauche débordaient le massif de Mont-Notre-Dame et s'avançaient vers l'Arnes, affluent de la Suippe.

Dès lors, sous la pression combinée des deux armées qui risquent de leur fermer la route à l'Ouest et à l'Est, les Allemands, dans la nuit du 4 au 5, se replient sur tout le front de Champagne. Poursuivis par nos troupes, ils abandonnent le fort de Brimont, Nogent-l'Abbesse et la chaîne des Monts. Nous dégageons Reims, nous franchissons la Suippe et l'Arnes. Le 12, nous entrons à Vouziers et, le soir même, nous tenons toute la ligne de l'Aisne. La victoire de Champagne a rapporté à la 4e armée seule plus de 21 000 prisonniers et de 600 canons.

A l'Ouest, *la 5e armée* franchit l'Aisne à Berry-au-Bac et progresse en direction du camp de Sissonne.

Plus à l'Ouest encore, le repli se propage devant *la 10e armée*.

Le 12, le Chemin des Dames et le massif de Saint-Gobain lui-même tombent entre nos mains, et, le lendemain, le général Mangin entre à *Laon*.

A l'Est, enfin, notre victoire permettait aux troupes franco-américaines de dégager presque complètement l'Argonne et de porter leurs lignes jusqu'à l'Aire, aux abords mêmes de Grandpré.

Le 13, de l'Oise à la Meuse, le front était jalonné sensiblement par La Fère-le nord de Laon-le sud-ouest de Sissonne-Asfeld-l'Aisne, de ce point au confluent de l'Aire-Grandpré, et le nord de Romagnes-Montfaucon.

## La bataille du Cambrésis
### (27 septembre-13 octobre).

L'action de force menée au Centre contre la ligne Hindenburg, entre Cambrai et Saint-Quentin, était confiée aux $1^{re}$, $3^e$, $4^e$ armées britanniques et à la $1^{re}$ armée française (Debeney).

L'offensive devait débuter d'abord par l'attaque des $1^{re}$ et $3^e$ armées W. en direction de Cambrai, pour être suivie 48 heures plus tard par celle de la $4^e$ en direction de Bohain, en liaison avec l'armée Debeney qui couvrait son flanc droit, après avoir débordé Saint-Quentin par le Nord, en marchant en direction de Guise.

**La bataille pour Cambrai et Saint-Quentin (27 septembre-5 octobre).** — Le 27 septembre, le lendemain de l'offensive de Champagne, *les $1^{re}$ et $3^e$ armées W.* (Horne et Byng), qui font face à Cambrai, attaquent sur un front de $25^{km}$, de manière à déborder la ville par le Nord et par le Sud.

Malgré une résistance ennemie acharnée entre Mœuvres et Marquion, le canal du Nord est franchi et les abords de Cambrai sont atteints le premier jour. 10 000 prisonniers, 200 canons sont capturés. Le 3o, l'Escaut était bordé à hauteur de Masnières, et Cambrai enveloppé par le Nord et par le Sud.

Dès que son flanc gauche est ainsi assuré, *la $4^e$ armée (Rawlinson)*, le 29, se lance à l'assaut du canal de Saint-Quentin, fossé de la ligne Hindenburg. Dans un magnifique élan, les divisions britanniques renforcées de divisions américaines franchissent le canal à la nage ou sur des passerelles, s'emparent de cette ligne formidablement défendue et progressent sans arrêt au milieu du dédale des organisations Hindenburg. Après une lutte particulièrement dure et acharnée, le fameux *tunnel du Tronquoy* était le 3o entre leurs mains, ainsi que toute la ligne du canal, jusqu'au sud de Cambrai.

*Le 29 également, la* 1$^{re}$ *armée (Debeney)* était entrée en action devant *Saint-Quentin :* tandis que le 36$^e$ *C.A.* faisait face à la ville, et qu'au Sud les 31$^e$ *et* 8$^e$ *corps* attaquaient jusqu'à l'Oise, le 15$^e$ *C.A.*, en liaison avec la 4$^e$ armée W., prenait l'offensive au Nord, en direction de Lesdin et progressait à travers la position Siegfried. Le lendemain il l'avait enfoncée, abordait les passages du canal au nord de la ville de façon à prendre à revers la ligne Hindenburg et à ouvrir la route en direction de Guise au reste de l'armée.

Après trois jours de durs combats, le 15$^e$ corps avait assuré son débouché à Lesdin, et Saint-Quentin et Itancourt tombaient le 2 octobre aux mains de la 1$^{re}$ armée dont la droite occupait Moy, dans la vallée de l'Oise.

*Jusqu'au 8 octobre*, de Cambrai à Saint-Quentin, la lutte demeura acharnée dans la position Hindenburg, crevée en son centre, et dont l'ennemi cherchait en vain à défendre les lambeaux par de furieuses contre-attaques : au Nord, Cambrai résistait toujours, malgré que nos Alliés fussent maîtres des faubourgs, et au sud de Saint-Quentin la 1$^{re}$ armée (Debeney) n'arrivait pas à rompre la barrière, bien qu'elle l'eût entamée à Itancourt.

Cependant, ces derniers bastions de la « position imprenable » ne devaient pas tarder à succomber.

*Le 8 octobre*, une nouvelle attaque combinée des 3$^e$, 4$^e$ armées britanniques et de la 1$^{re}$ armée française, contraint l'ennemi à la retraite, alors que déjà au Nord le péril dans les Flandres s'annonce pour lui menaçant.

Tandis qu'au Sud nous dégageons largement Saint-Quentin et bordons l'Oise jusque devant Mont-d'Origny, au Nord les Anglais s'emparent de *Cambrai le* 9, et s'avancent rapidement sur *le plateau de Bohain.*

*Le 12 octobre*, l'ennemi, refoulé, repassait en hâte la Selle et l'Oise, décidé à tenir solidement derrière ces deux rivières et sur la « bretelle » établie en avant de Guise, entre Le Cateau et Bernot.

Une nouvelle phase de la bataille allait commencer ; mais avant de l'étudier, il faut voir au Nord la situation dans les Flandres.

## La bataille des Flandres

### (28 septembre-13 octobre).

Le groupe d'armées des Flandres (G.A.F.), constitué le 19 septembre sous les ordres du roi Albert, avec, pour chef d'État-Major, le général Degoutte, commandant de la 6e armée (¹), comprenait :

*L'armée belge* (12 DI. plus de la cavalerie) ;

*La 2e armée W.* (général Plumer) ;

*La 6e armée française* (7e C.A., plus 34e C.A., plus 2e corps de cavalerie).

Le premier objectif à atteindre était, on a vu plus haut, la crête des Flandres (forêt d'Houthulst, Paschendaele, Gheluvelt) ; après quoi, on passerait à l'exploitation du succès en direction de Bruges et de Gand.

L'offensive se déclenche le 28 septembre, le lendemain de celle du Cambrésis, depuis Dixmude jusqu'à la Lys :

*Les Belges*, au Nord, jusqu'à Merckem ;

*Le 7e C.A. français* au Centre ;

*La 2e armée W.*, au Sud, entre Ypres et la Lys.

Le premier jour, le succès est complet, et la crête des Flandres est en partie aux mains des Alliés, depuis Wytschaete et Paschendaele jusqu'à la lisière Est de la forêt d'Houthulst. L'ennemi, surpris, a laissé en leurs mains 6000 prisonniers et 150 canons.

______

(¹) La 6e armée, on se rappelle, avait été retirée du front les premiers jours de septembre.

Les jours suivants, les progrès furent plus lents : le temps était devenu fort mauvais et l'ennemi ressaisi offrait une résistance de plus en plus grande. Vers le 10 octobre, l'avance était à peu près enrayée, et il fallait stopper en attendant que l'artillerie pût être amenée à pied. d'œuvre. Néanmoins, les résultats obtenus étaient plus que satisfaisants :

Ypres et Dixmude étaient dégagées, la forêt d'Houthulst et Paschendaele largement dépassés, la route de Roulers à Ménin atteinte, et la Lys bordée depuis Wervick à Warneton; l'ennemi, qui était refoulé de près de 20$^{km}$, laissait entre nos mains 11 000 prisonniers et 350 canons.

En outre, les Allemands, menacés au Nord par la poussée du G.A.F. sur Ménin, au Sud par la progression des Armées alliées au delà de Saint-Quentin et Cambrai, avaient dû, le 1$^{er}$ octobre, entamer un large mouvement de repli entre la Scarpe et la Lys, abandonnant leurs lignes devant Armentières et Lens et reportant le 5 octobre leur front sur une ligne qui, de Warneton au Nord, aboutissait à Arleux sur la Scarpe, en passant par le canal de la Deule, aux abords ouest de Lille et aux portes mêmes de Douai.


## II. — LA REPRISE DE L'ASSAUT CONCENTRIQUE
### DE LA MER A LA MEUSE
#### (13-20 octobre).


**La directive du 10 octobre.** — A la date du 13 octobre, la situation générale sur l'immense champ de bataille autorise tous les espoirs : de coups d'épaule en coups d'épaule, les Alliés, par leur assaut concentrique, ont emporté la formidable ligne Hindenburg et l'ont même en certains points largement dépassée.

A la même date, à l'autre extrémité de l'Europe, le front de Macédoine s'écroulait à son tour : Après une longue accalmie, la lutte depuis le 15 septembre s'était subitement rallumée au nord de Salonique, et sous l'énergique impulsion du général Franchet d'Esperey, la Bulgarie, écrasée en 10 jours par la magnifique victoire de l'armée d'Orient, capitulait après avoir perdu 90 000 prisonniers et 2000 canons, et le 3 octobre le tsar Ferdinand abdiquait.

En Allemagne, l'ébranlement moral causé par les défaites successives et la ruine de tous les vastes espoirs, se creuse chaque jour plus profond. Lüdendorff, qui, depuis le 8 août, a perdu tout espoir, « *juge la situation d'une exceptionnelle gravité* », et presse le nouveau chancelier Max de Bade, de demander un armistice par l'intermédiaire du président Wilson, et de faire aboutir la Paix « coûte que coûte ».

Les réserves s'épuisent; à peine lui reste-t-il quelques divisions fraîches. La crise des munitions et de l'artillerie devient aiguë.

Le Maréchal commandant en chef, qui pressent l'ennemi aux abois, et qui sent approcher l'heure de la débâcle, ne cesse de harceler ses armées et, malgré leur fatigue, de les relancer à l'assaut sur l'ensemble du front de la mer à la Meuse : et de nouveau il les pousse sans relâche dans les trois directions convergentes de Bruxelles, de la Sambre et de Mézières (*directive du 10 octobre*).

Tandis qu'au Nord l'offensive sera reprise vigoureusement dans les Flandres, et qu'à l'extrême droite l'action combinée de l'armée Gouraud et des armées américaines continuera à s'exercer entre l'Aisne et la Meuse, *l'effort principal sera donné au Centre, sur le front Solesmes-Wassigny*, en direction de la Sambre, appuyé au Sud par la manœuvre de la 1re armée (Debeney), tendant à déborder la ligne de la Serre, au Nord par une attaque britannique entre Escaut et Sambre, en vue d'isoler par le Sud la région de Lille.

Telles sont les bases sur lesquelles allait reprendre, vers le 14 octobre, le grand assaut concentrique de la mer à la Meuse.

**La bataille du groupe des Flandres sur le plateau de Thielt (14-20 octobre).** — Sous le Haut Commandement du roi Albert, le groupe d'armées des Flandres, renforcé de 2 divisions américaines, après une accalmie nécessitée par la remise en état de la zone de combat et la poussée en avant de l'artillerie, reprend le 14 octobre ses opérations en direction de Bruges et de Gand, avec un plein succès.

Le 17, les Belges atteignaient déjà *Ostende,* les Français s'approchaient de *Thielt,* bien au delà de *Roulers,* et les Britanniques, qui avaient occupé *Ménin,* étaient sur la Lys, aux portes mêmes de Courtrai. Partout la cavalerie poussait de l'avant.

*Du 18 au 20,* le repli ennemi s'accentuait, *Zeebruges* et les bases de la côte étaient abandonnées, la frontière hollandaise était atteinte. Et le 20 au soir, l'armée belge bordait le canal, qui de Deynze sur la Lys, passe à l'ouest d'Ecloo, les Français atteignaient la Lys à Deynze et au Sud, et commençaient à la franchir malgré les inondations tendues, l'armée anglaise les prolongeant jusqu'à Courtrai, et même au sud de ce point, ainsi qu'on va le voir ci-après, ayant de beaucoup dépassé la rivière.

**Le repli allemand entre la Lys et la Scarpe (16-20 octobre).** — A ces superbes résultats venaient s'en ajouter d'autres plus importants encore : dès le 16 octobre, les Allemands commençaient, entre la Scarpe et la Lys, le grand mouvement de repli escompté par le Haut Commandement allié, et sous la pression des 5e et 1re armées britanniques lancées à leurs trousses, évacuaient rapidement toute la région de Douai, Lille, Roubaix et Tourcoing, reportant le 20 au soir le front des anglais sur la ligne générale Est de Courtrai, abords Ouest de Tournai, Est de Denain.

**La bataille du Centre sur la Selle et l'Oise (17-20 octobre).** — Pendant ce temps, Anglais et Français déclenchaient au Centre, sur la Selle et l'Oise, une nouvelle offensive qui, du 17 au 20, se poursuivait avec un plein succès également :

*Au Nord, la 3e armée W.* (Byng), après avoir enlevé Solesmes et franchi la Selle, prenait pied sur les hauteurs à l'Est, en liaison vers Denain avec la $1^{re}$ armée (Horne).

*Au Centre, la 4e armée W. (Rawlinson)*, qui avait attaqué entre Le Cateau et la forêt d'Andigny, refoulait l'ennemi au delà du canal de la Sambre, après avoir conquis Wassigny.

*Au Sud, la $1^{re}$ armée (Debeney)*, qui depuis le 13 octobre luttait énergiquement à *Mont-d'Origny* pour établir une tête de pont à l'est de l'Oise, avait fini le 20, en liaison avec les Britanniques, par déborder par le Sud la forêt d'Andigny, et atteindre, elle aussi, le canal de l'Oise à la Sambre, pendant que sa droite, franchissant l'Oise à Ribémont, forçait l'ennemi à évacuer rapidement le saillant de La Fère, et à se replier sur ses positions du plateau de Renansart.

En résumé, le 20 au soir, les Armées alliées du Centre étaient maîtresses du cours de la Selle, bordaient le canal de la Sambre, avaient pris pied à l'est de l'Oise, et étaient prêtes à s'engouffrer dans la coulée entre Sambre et Oise, tout en menaçant par leur droite le flanc des lignes de la Serre et de l'Aisne.

**La bataille de la Serre à la Meuse (16-20 octobre).** — Par contre, les armées de droite marquaient légèrement le pas devant un ennemi solidement retranché et résolu à tenir sur ses nouvelles positions :

*La 10e armée (Mangin)* avait presque achevé de border la Souche et les marais de Sissonne, mais ne pouvait progresser au delà.

*La 5e armée (Berthelot)* avait consolidé ses positions immédiatement au sud de Château-Porcien et à l'Ouest au sud de Sissonne, mais partout elle se heurtait à de formidables lignes de mitrailleuses.

*Devant la 4e armée (Gouraud) et la $1^{re}$ armée américaine*, la résistance était toujours sérieuse et d'autant plus âpre que toute progression en direction de Mézières et de Sedan eût menacé les armées allemandes de la Serre à l'Escaut, d'un irréparable désastre.

Cependant du 18 au 20 octobre, la droite de la 4e armée avait
pu forcer à *Vouziers* le passage de l'Aisne, élargir, malgré une
lutte acharnée, sa tête de pont vers le Sud et établir ainsi à l'est
de la rivière sa liaison avec la gauche américaine qui, le même
jour, s'était emparée de *Grandpré*.

Après ce débordement du massif septentrional de l'Argonne, les
armées de droite étaient en état de repartir à nouveau en direction de Mézières et Sedan, et de déborder ainsi à l'Est les lignes
de l'Aisne et de la Serre, déjà menacées à l'Ouest par la 1re armée.


## III. — LA RUPTURE DES SECONDES POSITIONS

### (20 octobre-4 novembre).


**La situation au 20 octobre.** — Si du 10 au 20 octobre,
l'ennemi avait reculé entre la mer et l'Aisne, il n'en était pas
moins évident que les combats acharnés des derniers jours, notamment devant les armées du Centre, démontraient sa résolution de tenir coûte que coûte sur les nouvelles positions qu'il
avait organisées de longue date en arrière de la ligne Hindenburg :

C'était sur la face sud de l'angle immense que présentait encore
le front, tout d'abord la *Hunding-Stellung* qui, du plateau de
Renansart, courrait par les hauteurs au nord de la Serre et des
marais de Sissonne, jusqu'à l'Aisne aux environs de Château-
Porcien.

Puis plus à l'Est, la *Brunehild-Stellung* qui suivait le cours de
l'Aisne jusqu'au sud de Vouziers, la *Kriemehilde-Stellung*, jalonnée
par les hauteurs nord de Grandpré et celles de Dun-sur-Meuse et
Damvillers, de part et d'autre de la Meuse; enfin la *Michel-
Stellung*, corde du saillant de Saint-Mihiel, qui rejoignait la
Moselle, vers Pagny.

De la mer au saillant entre Oise et Aisne, c'était l'ensemble
des positions que Lüdendorff désigne sous le nom de *Lys-Hermann*,

ensemble formé de plusieurs lignes et de nombreuses bretelles, mais dont l'enveloppe extérieure était jalonnée par :

Le canal Nord-Sud qui atteint la Lys à Deynze, appelé « canal de dérivation », la Lys jusque vers Courtrai, la bretelle Courtrai-Escaut, le cours supérieur de l'Escaut, depuis le nord de Tournai jusqu'au sud de Valenciennes, la vallée de la Selle doublée en arrière de la ligne Rhonelle-Escaillon-Forêt de Mormal, la Sambre supérieure et le canal Sambre et Oise, le cours de l'Oise jusque vers Mont-d'Origny, enfin les organisations du plateau nord-est de Renansart qui se reliaient à la ligne de la Serre, c'est-à-dire à la Hunding-Stellung.

Ces positions, il faut que l'ennemi les défende à tout prix, et pour permettre l'évacuation de tout l'immense matériel et des énormes approvisionnements accumulés depuis quatre ans dans la zone des étapes de ses armées, et qu'il est nécessaire de sauver, et pour permettre, d'autre part, l'achèvement de l'organisation de la nouvelle ligne de repli que Ludendorff a prescrit d'élever à la hâte, la ligne Anvers-Bruxelles-Namur-Meuse, dernier rempart de l'Empire avant la frontière.

**La directive du 19 octobre.** — Mais le Haut Commandement allié ne va pas laisser à l'ennemi le temps de livrer une longue bataille défensive sur ces positions dans les avancées desquelles ses armées, depuis huit jours, mènent de durs combats, *et par sa directive du 19 octobre, qui sera la dernière*, il fixe les grandes lignes de l'assaut final qui doit les emporter :

*Les armées des Flandres* pousseront en direction générale de Bruxelles leur droite sur Lessines et Hal.

*Les armées anglaises* prononceront leur effort principal entre la Sambre et l'Escaut, pour rejeter les armées ennemies sur le massif peu praticable des Ardennes. En même temps, elles aideront la marche des armées des Flandres, par des attaques débordantes, pour leur permettre de franchir les principales lignes d'eau.

*Les armées françaises* auront pour mission :

*La première,* d'appuyer la droite des armées anglaises en direction de Givet, et de manœuvrer par la droite, pour tourner la résistance ennemie sur la ligne Serre-Sissonne (Hunding-Stellung).

*Les 5e et 4e armées,* avec *la 1re armée américaine,* essaieront d'atteindre la région de Mézières-Sedan, et la Meuse en amont, après avoir fait tomber la ligne de l'Aisne en manœuvrant par les deux ailes; l'aile gauche (5e armée) en direction de Château-Porcien, l'aile droite (4e et 1re armées américaines) en direction de Buzancy-le-Chesne.

Et ce n'est pas tout : le Maréchal commandant en chef sait aussi, d'après les renseignements du 2e Bureau du G.Q.G., que les Allemands, pour faire face à l'offensive générale des Alliés, ont dû envoyer à la bataille toutes les divisions qu'ils avaient jusque-là maintenues en réserve derrière les fronts déjà très affaiblis de Lorraine et d'Alsace. Aussi juge-t-il l'occasion propice pour frapper un coup décisif, et le 20 octobre donne-t-il les premiers ordres en conséquence au général Pétain :

*Une offensive en Lorraine annexée, de part et d'autre de la Moselle, sera préparée le plus tôt possible :* elle visera le Luxembourg, d'une part, la Sarre, d'autre part, de façon à pénétrer sur le sol allemand aussi profondément que possible, et à menacer directement les lignes de retraite de l'ennemi en direction du Rhin.

En attendant qu'elle se déclenche, les attaques simultanées et convergentes des 12 armées alliées allaient, après plus de dix jours de très durs combats, amener soudain, à partir du 4 novembre, le repli général de l'ennemi entre l'Escaut et la Meuse, et déchaîner vers le Rhin la marche victorieuse et décisive.

**La bataille dans les Flandres.** — A partir du 21 octobre, le groupe d'armées des Flandres continue son offensive :

*L'armée belge,* en direction de Malines;

*La 6e armée française*, en direction de Bruxelles, cherchant à atteindre l'Escaut entre Gand-Audenarde;

*La 2e armée W.*, sa droite en direction de Lessines-Hal.

Jusqu'au 26, il livre une série de violents combats pour atteindre le plateau entre la Lys et l'Escaut.

Après une accalmie de 3 jours, mise à profit pour s'assurer une bonne base de départ en vue d'une opération d'ensemble, l'offensive est reprise le 31 octobre :

*Les Belges* prononçant leur effort principal au sud du canal de Gand à Bruges;

*Les Français* cherchant à s'emparer complètement des hauteurs entre Lys et Escaut;

*La 2e armée anglaise* visant le fleuve au sud d'Audenarde, pour le franchir par son aile droite et déborder ainsi toute la ligne jusqu'à Gand.

Dès le 1er novembre ces buts étaient en partie atteints, l'ennemi se repliait sans offrir de résistance notable, sauf autour de Gand, et le 4 novembre le front du groupe d'armées des Flandres partant de la frontière hollandaise, était jalonné par le canal de Gand, les abords ouest de la ville, et le cours de l'Escaut, déjà même franchi en quelques points.

**La bataille des armées anglaises du Centre entre l'Escaut et la Sambre.** — Pour les armées anglaises du Centre, maîtresses depuis le 20 du cours de la Selle, il s'agissait maintenant d'attaquer les organisations multiples de la position Hermann, entre la Selle, la Rhonelle, l'Écaillon, et le massif de la forêt de Mormal, de façon à déborder Valenciennes par le Sud et à faire tomber tout le cours de l'Escaut.

L'attaque fut reprise le 23 par la 4e armée, le 24 par la 1re et la 3e : En dépit d'une résistance acharnée, elles atteignaient, le 25 au soir, la voie ferrée Valenciennes-Le Quesnoy, bordant par leur gauche l'Escaut jusqu'à Maulde : 24 divisions britanniques

avaient lutté contre 31 divisions allemandes et leur avaient capturé 20 000 prisonniers et 475 canons.

L'attaque repartit le 1<sup>er</sup> novembre, d'abord par la droite de la
1<sup>re</sup> armée et la gauche de la 3<sup>e</sup> pour faire tomber ainsi le saillant
de Valenciennes.

Ce résultat complètement acquis le 3, et la Rhonelle complètement dépassée en presque tout son parcours, la bataille se généralisa depuis le coude de Condé-sur-l'Escaut, jusqu'à Oisy, au
coude de la Sambre :

La résistance ennemie fut extrêmement vive, surtout devant
la 3<sup>e</sup> armée; néanmoins, Le Quesnoy, complètement investi,
tombait le 3 au soir, tandis que le 4 novembre l'armée Rawlinson
progressait jusqu'aux confins orientaux de la forêt de Mormal.

Plus au Sud enfin, les divisions de la 4<sup>e</sup> armée W. (Rawlinson),
ayant franchi la Sambre en radeaux, s'étaient établies solidement
sur la rive droite, et avaient déterminé la chute de Landrecies
déjà largement débordé au Nord.


**La bataille des Armées françaises et américaines de
l'Oise à la Meuse. —** 1º Du 21 au 31 octobre. — *La 1<sup>re</sup> armée*
(*Debeney*), dont la mission était à la fois de couvrir la droite des
armées anglaises et de déborder les lignes de la Serre, et qui, du 20
au 25, n'avait cessé de faire pression sur le canal de la Sambre à
l'Oise, entre Ribémont et le confluent de ce canal, avait vu le 26
ses efforts couronnés de succès. Le 27 octobre, l'ennemi, bousculé,
reculait entre Oise et Serre, et se repliait sur la ligne Guise-Crécy-
sur-Serre.

Dès lors, la Hunding-Stellung menacée en flanc, et toujours
vivement pressée au Sud par les 10<sup>e</sup> et 5<sup>e</sup> armées, ne devait pas
tarder à tomber entre nos mains.

Pour le moment elle tenait toujours ferme :

*La 10<sup>e</sup> armée* (*Mangin*) avait bien réussi à franchir la Serre à
Mortiers et à Pouilly, et la Souche à Pierrepont.

*La 5<sup>e</sup> armée* (*Berthelot*), reprenant le 27 ses attaques en direc-

tion de Chaumont-Porcien, avait bien réussi à atteindre la route
de Recouvrance à Condé-sur-Aisne.

Mais tout cela ne constituait que de très faibles progrès et
jusqu'au 31 octobre, en dépit de vives attaques, l'ennemi, quoique
serré de près, opposait une résistance acharnée derrière les réseaux de sa Hunding-Stellung.

Plus à l'Est même, il contre-attaquait très énergiquement sur
le front de la 4ᵉ armée Gouraud et de la 1ʳᵉ armée américaine, et
ces dernières étaient obligées de marquer le pas devant l'acharnement de l'ennemi à interdire à tout prix leur progression en direction de Mézières et Sedan.

2° Du 1ᵉʳ au 4 novembre. — Mais plus l'ennemi mettait
d'acharnement à défendre les bastions extrêmes de la grande
courtine Oise-Serre-Aisne, plus les efforts du Commandement
tendaient-ils à actionner ses armées vers les objectifs destinés à
les déborder :

*La 4ᵉ armée* (*Gouraud*) sur Le Chesne, et la vallée du Bar;
*La 1ʳᵉ armée* (*Debeney*) sur Guise et l'Oise supérieure.

Aussi, le 1ᵉʳ novembre, *l'armée Gouraud* prononçait-elle une
sérieuse offensive dans la boucle de l'Aisne, au nord et à l'est
de Vouziers, en liaison avec *la 1ʳᵉ armée américaine*, attaquant
droit au Nord en direction de Busancy.

Après avoir, le 2, franchi l'Aisne à l'est d'Attigny et élargi à
l'est de Vouziers sa tête de pont jusqu'à la Croix-aux-Bois, où elle
était en liaison avec la 1ʳᵉ armée américaine, maîtresse déjà de
Busancy, la 4ᵉ armée s'orientait nettement vers le Nord.

Le 3 novembre, les deux armées, dès lors bien soudées, progres-
saient de 10ᵏᵐ et développaient sans retard leurs premiers succès.
Le 4, l'armée Gouraud bordait le canal des Ardennes jusqu'au
Chêne inclus, et les Américains, par le nord de la forêt de Dieulet,
gagnaient Vieseppe, sur la Meuse.

Ainsi débordées par l'Est, la Hunding et la Brunehilde-Stellung
étaient également fortement menacées à l'Ouest par *l'armée*

*Debeney.* Celle-ci, notablement renforcée, avait le 3 novembre prononcé un effort puissant en direction de Guise-La Cappelle, en liaison avec *l'armée Rawlinson* qui, on se rappelle, attaquait ce jour-là sur la Sambre et Landrecies. Dans un superbe élan, le canal de la Sambre était franchi par les 15e et 36e corps, la dernière barrière allemande sombrait, et la chute de Guise n'était plus qu'une question d'heures.

Dès lors, la vallée de l'Oise était ouverte, l'ennemi devait fatalement lâcher les positions où depuis 15 jours il résistait avec tant d'âpreté devant nos 10e et 5e armées, et amorcer un nouveau repli.


## IV. — LA DÉBACLE ALLEMANDE ET L'ARMISTICE

### ( 5-11 novembre ).

**La situation générale au 5 novembre.** — Mais si brillantes que fussent dèjà ces premières étapes de la marche à la Victoire désormais certaine, qu'étaient-elles cependant en regard des événements grandioses qui, sur l'immense théâtre de la guerre mondiale, s'étaient en ces derniers jours précipités avec une rapidité tellement vertigineuse, qu'ils dépassaient tous nos espoirs et bouleversaient nos cœurs d'une émotion à la fois tragique et enivrante ?

En quelques jours de marche victorieuse, l'Italie, dont les armées s'étaient, le 27 octobre, ébranlées de la Suisse à l'Adriatique, venait de parfaire son unité, rentrant en triomphe dans Trieste et Trente, après avoir refoulé dans une déroute effroyable les armées autrichiennes, leur capturant 416 000 hommes, plus de 10 000 officiers et 6500 canons, et *forçant, le 3 novembre, l'Autriche à capituler.*

A ce désastre militaire, s'était ajoutée déjà la dislocation intérieure : la Hongrie, la Pologne se déclaraient indépendantes, les États Tchéco-Slovaque et Yougo-Slave se formaient et se rangeaient à la cause des Alliés, l'Empire des Habsbourg s'effondrait.

Quatre jours auparavant, la marche foudroyante des armées britanniques sur le Tigre, avait acculé la Turquie à la capitulation, et *l'armistice de Moudros*, signé le 30 octobre, consacrait la chute définitive du Gouvernement ottoman, et la libération de la Syrie, du Liban, de la Mésopotamie, de l'Arabie.

Le 1er novembre, après une marche triomphale de 45 jours, les armées serbes rentrant dans leur capitale de Belgrade achevaient la libération définitive de leur territoire, et l'armée d'Orient franchissait le Danube et la Save, tandis que la Roumanie voyait approcher la fin de son long martyr.

Enfin, l'Allemagne qui, depuis le mois d'août, avait perdu 250 000 prisonniers et 4000 canons, se sentait en détresse, acculée à la catastrophe. Le 27 octobre, le Gouvernement exigeait le renvoi immédiat de Lüdendorff, responsable selon lui de toutes les erreurs et de tous les revers militaires, et désormais sans appui par la capitulation de ses Alliés, implorait à son tour l'armistice.

Rien ne pouvait donc plus enrayer la marche inéluctable du châtiment mérité. Et avant même que, le 4 novembre, le Comité de Versailles eût arrêté, sur les propositions du Maréchal Foch, les termes des conditions imposées à l'Allemagne, le Maréchal commandant en chef, dans un dernier appel, surexcitait toutes les énergies en vue de l'ultime ruée qui devait porter à l'adversaire le coup de grâce, et l'acculer de gré ou de force à la capitulation militaire pure et simple.

Depuis le 31 octobre, des divisions alliées se pressaient vers la Lorraine où le général de Castelnau hâtait les préparatifs des armées destinées à l'offensive décisive qui devait se déclencher le 14 novembre :

*La* 8e *armée* (*Gérard*), de Baccarat à Lunéville ;

*La* 10e *armée* (1) (*Mangin*), de Lunéville à Nancy, offensive qu'appuierait encore en direction de Longwy ;

---

(1) le 27 octobre, l'État-Major de la 10e armée avait été remplacé sur le front de la Serre par l'État-Major de la 3e armée (Humbert).

*La 2e armée américaine (Bullard)*, à l'ouest de la Moselle.

Et tandis qu'ainsi, à l'Est, 3o divisions se préparaient à marcher vers Mayence, sur tout le reste du front, 12 armées alliées allaient s'élancer le 5 novembre pour la grande marche à la Victoire.

**Le grand repli allemand et la poursuite (5 novembre).** — Car l'aube du 5 novembre fut bien celle d'un réel triomphe : l'ennemi, dont toutes les positions ont été entamées ou brisées par nos assauts des derniers jours, a dû se décider au repli général sur la ligne Mézières-Nàmur-Bruxelles, et depuis la Meuse jusqu'au coude de l'Escaut à Condé, 7 armées allemandes reculent à grands pas.

Les armées alliées se lancent aussitôt à leur poursuite sans rencontrer de résistance sérieuse :

*A l'Est, l'armée Gouraud* a franchi le canal des Ardennes et se hâte vers Mézières, en liaison à droite avec les Américains qui marchent sur Sedan.

*L'armée Guillaumat* (5e) (¹) a atteint le front Seraucourt-Dizy-le-Gros, en liaison à gauche avec *l'armée Humbert* qui, par Bucy-le-Pierrepont, borde la Serre jusqu'à Marle.

*L'armée Debeney*, à 6h du matin, pénètre dans Guise et prend sa direction sur La Cappelle et Hirson.

Plus au Nord, de l'Oise à l'Escaut, dans cette région boisée et marécageuse, coupée de cours d'eau, les armées anglaises progressent un peu moins rapidement.

Malgré un temps abominable, la poursuite se continue les 6 et 7 novembre dans les mêmes conditions, au milieu des villages reconquis et des populations délivrées acclamant leurs libérateurs. Partout l'ennemi abandonne armes et bagages et sur les routes s'engouffrent ses colonnes et ses convois sur lesquels l'aviation

---

(¹) Le général Guillaumat a remplacé le général Berthelot appelé dans les Balkans au commandement de l'armée du Danube.

alliée déverse des tonnes d'explosifs et de mitrailles. Les prisonniers se rendent par milliers et le butin capturé est considérable. On se croirait revenu aux jours d'Iéna.

Le 8, le repli commence aussi à se généraliser au Nord, devant les armées du groupe des Flandres, qui franchissent l'Escaut. Mais dans la zone centrale, aux approches de la grande région boisée qui entoure le massif des Ardennes, l'ennemi fait tête un peu partout, et la poursuite est de ce fait légèrement ralentie, notamment au sud-est d'Hirson, sur le Thon, où la 3e armée est arrêtée presque toute la journée.

**Arrivée des plénipotentiaires allemands (8 novembre).** — Le 6 novembre, un radio allemand apprenait au monde que des parlementaires avaient quitté Berlin pour le front occidental. Le 7, vers 20$^h$, ceux-ci s'étant présentés à Haudroye (2$^{km}$ nord-est de La Cappelle) aux avants-postes du 31e corps de la 1re armée, furent reçus le 8 à 9$^h$ en gare de Rethondes (8$^{km}$ est de Compiègne) par le Maréchal commandant en chef qui leur dicta aussitôt les termes de la capitulation imposée à l'Allemagne, et leur laissa 72 heures, soit jusqu'au 11 novembre, 11$^h$, pour apporter la réponse de leur gouvernement.

**Du 10 au 11 novembre.** — Et tandis que les pourparlers allaient suivre leur cours, le Maréchal Foch, entendant dans un suprême effort briser la résistance de l'ennemi, talonnait encore ses armées par ce télégramme lancé à 11$^h$ 30$^m$ : « L'ennemi, désorganisé par nos attaques, cède sur tout le front. Il importe d'entretenir et de précipiter nos actions, je fais appel à l'énergie et à l'initiative des commandants en chef et de leurs armées pour rendre décisifs les résultats obtenus. »

Et nos troupes, aux trousses des Allemands qui battent précipitamment en retraite, accélèrent la poursuite, capturant des trains entiers de matériel, des milliers de traînards et de déserteurs, des canons, des approvisionnements immenses. Dès lors, c'est la déroute qui s'affirme.

Le repli s'accentue à la vitesse de 18$^{km}$ par jour en certains points ; en 48 heures, l'énorme poche entre l'Escaut et la région de Mons est complètement réduite.

Le 10, le général Gouraud entre à Sedan, en liaison avec les Américains, et la Meuse est bordée jusqu'au delà de Mézières, franchie même par endroits ; le général Guillaumat atteint Charleville et Revin, le général Humbert, qui a dépassé la forêt de Signy-le-Petit, va aborder Rocroy, le général Debeney a déjà dépassé la frontière en direction de Chimay, le général Rawlinson est à la lisière orientale de la forêt de Trelon, le général Byng est entré dans Maubeuge reconquis et le maréchal Haig, que hante le souvenir des heures tragiques d'août 1914, se hâte vers Mons avec l'armée de Horne. Le groupe des Flandres atteint Ath et a largement dépassé l'Escaut, et le roi des Belges se prépare à faire dans Gand, le lendemain à l'aube, son entrée triomphale.

Partout les armées avancent sur l'immense ligne de 400$^{km}$, et tandis qu'au Nord l'aile gauche prend sa direction sur Bruxelles et Tierlemont pour se rabattre sur la Basse-Meuse, à l'extrême aile droite les armées de Castelnau attendent fiévreusement l'heure de bondir sur Metz et la Sarre et de fermer la tenaille qui doit étreindre les armées allemandes en déroute.


**La capitulation (11 novembre).** — Mais l'ennemi n'attendra pas ce gigantesque Sedan, car il sent que s'il ne se décide pas à capituler, ce sera le désastre.

Aussi le 11 novembre à 5$^h$ du matin, tandis que le canon tonnait de la mer aux Vosges, et que déjà bien avant l'aube, les Alliés avaient continué la poursuite implacable, les parlementaires ennemis signaient la capitulation qu'on leur avait dictée.

A 11$^h$, les hostilités cessaient sur l'ensemble du front et un ordre du Maréchal commandant en chef arrêtait les troupes sur la ligne atteinte :

Canal de Terneuzen-Gand-ouest de Sotteghem-Grammont-Lessines-Ath-Mons-est de Maubeuge-Chimay-nord de Rocroi-

La Meuse de Revin à Sedan (déjà même franchie en quelques points)-sud de Montmédy-est de Damvillers-ouest d'Étain-Fresnes-en-Woëvre-sud de Pagny-sur-Moselle.

Et le 12 novembre, le Maréchal commandant en chef saluait en ces termes ses troupes victorieuses :

« Officiers, sous-officiers et soldats des Armées alliées, après avoir résolument arrêté l'ennemi, vous l'avez pendant des mois, avec une foi et une énergie inlassables, attaqué sans répit.

» Vous avez gagné la plus grande bataille de l'Histoire et sauvé la cause la plus sacrée, la Liberté du Monde.

» Soyez fiers. D'une gloire immortelle vous avez paré vos drapeaux. La postérité vous garde sa reconnaissance. »

Ainsi se terminait, après 235 jours de combats ininterrompus, la magnifique offensive des Armées alliées.

La plus grande bataille de l'Histoire, certes, « *La bataille de France* » comme l'a déjà baptisée l'éminent historien, M. Louis Madelin, lutte gigantesque de sept mois et demi pendant laquelle en plus de 100 combats se choquèrent sur 400$^{km}$ plus de six millions de combattants, mais aussi et surtout la plus belle et la plus grandiose des victoires de l'Histoire, puisqu'elle aboutissait à la capitulation sans précédent des armées allemandes qui livraient, aux mains glorieuses du Maréchal Foch, leur matériel, leurs canons, leurs flottes, leurs avions, et tout l'immense territoire à l'ouest du Rhin, depuis Bâle jusqu'à la frontière de Hollande.

En vain la presse d'outre-Rhin proclamera-t-elle que les armées allemandes n'ont pas été battues militairement, qu'elles étaient encore capables de lutter avec succès, et que, sans la révolution, la guerre aurait pris fin deux ou trois semaines plus tard, par leur éclatante victoire.

Ce n'est là qu'une pure légende et il est facile de prouver que l'armée allemande était le 11 novembre à la veille d'un désastre militaire imminent, le plus grave de l'Histoire, et que seule l'en a sauvée la capitulation qu'elle accepta et qui était bien l'irrémédiable aveu de sa défaite.


### Situation allemande le 11 novembre.

1° **Pertes.** — Du 15 juillet au 11 novembre, l'armée allemande avait laissé entre les mains des Alliés environ 400 000 prisonniers, 7000 canons, 40 000 mitrailleuses, sans compter un matériel et des approvisionnements considérables qu'elle n'avait pu évacuer à temps.

Elle avait eu dans la même période plus de 600 000 hommes hors de combat, au bas mot.

2° **Disponibilités.** — Des 207 divisions qu'elle possédait au début de la bataille de France, elle avait dû, par suite de l'usure, en dissoudre 24, et au 11 novembre, sur 183 divisions, elle n'en possédait plus que 17 *en réserve* dont 2 seulement fraîches et 10 absolument fatiguées.

A la même date, les Alliés disposaient de : 205 divisions (102 françaises, 60 britanniques, 12 belges, 29 américaines); dont 103 *en réserve* (dont 67 françaises).

Ce parallèle est éloquent et montre suffisamment à quel état d'usure étaient arrivés nos ennemis.

L'effectif des unités avait baissé d'une façon considérable : la majorité des divisions ne comptaient plus que 2000 combattants au maximum.

3° **Situation morale.** — La situation morale n'était guère plus brillante. Les échecs répétés subis par les armées allemandes avait détruit la confiance à l'intérieur comme sur le front, donné aux soldats le sentiment de plus en plus net de leur infériorité et l'appréhension d'échecs plus graves dans l'avenir. Aussi les divisions allemandes étaient-elles prêtes à recevoir l'action dissolvante du Conseil central des marins allemands. Ce Conseil existait à Wilhelmshafen dès le début de juillet ; sa propagande active parmi les troupes se faisait déjà sentir, puisque, le 9 juillet, le Ministère de la Guerre allemand adressait aux armées une Note sur la nécessité d'une répression très sévère des actes d'insubordination.

Très bien renseigné sur les intentions de l'Amirauté et du G.Q.G., le Conseil avait pour but de s'opposer à ces intentions par tous les moyens.

A la fin d'octobre, une sortie de la flotte allemande ne put avoir lieu par suite de l'attitude des marins, et le 5 novembre la révolution éclatait, se propageant rapidement dans tout l'Empire.

Les marins se rendirent maîtres de la flotte à Kiel, à Wilhelmshafen, tandis que le gouvernement de Max de Bade était renversé, qu'un gouvernement révolutionnaire se constituait, le Conseil des Six, et que partout des Comités d'ouvriers et soldats se substituaient aux autorités existantes.

Dès le 9 au matin, un Comité de soldats imposait ses volontés au G.Q.G., à Spa.

On peut donc affirmer qu'à la veille de l'armistice, les ressorts moraux étaient absolument brisés chez l'ennemi. D'ailleurs, à cette date, les défaillances d'unités constituées commençaient déjà à devenir fréquentes.

4° **Situation matérielle.** — En outre, cette armée affaiblie moralement et physiquement ne possédait plus les moyens matériels suffisants, ainsi que pouvait s'en rendre compte le Commandement allié, d'après tous les renseignements recueillis au cours des opérations :

Du 15 juillet au 15 novembre, l'artillerie allemande avait été réduite d'un tiers.

Le même affaiblissement progressif se constate en ce qui concerne les munitions. Dès la fin d'août, l'ennemi est contraint d'imposer des restrictions sévères, car il a dû abandonner, pendant la deuxième bataille de la Marne, des approvisionnements considérables qu'il avait accumulés entre Aisne et Marne, pour la bataille de rupture du 15 juillet et l'avance ultérieure vers le Sud.

A partir d'octobre, la crise devient aiguë : l'artillerie dépense peu, le tir de barrage est supprimé comme trop coûteux, la production souffre des prélèvements effectués sur le personnel des usines au profit du front, la plus stricte économie est recommandée surtout en obus explosifs.

En résumé, l'état de l'artillerie allemande au 10 novembre peut se résumer comme suit : diminution de un tiers du matériel en service au 15 juillet, difficultés de réparation et de remplacement de matériel, diminution du personnel servant, manque d'attelages, production insuffisante de munitions.

La même situation se retrouve, quoique à l'état moins aigu, en ce qui concerne les mitrailleuses qui sont diminuées d'un quart environ au 10 novembre.

Un examen de la situation des armées allemandes en ce qui concerne l'aviation, les moyens de transport par voie ferrée ou par camions automobiles, les équipages, les approvisionnements en essence, fourrages, etc., donnerait la même impression de déchéance.


5⁰ **Situation stratégique.** — Cette crise de matériel ne fut pas sans peser lourdement sur les décisions du Commandement allemand.

Il lui fallait, en effet, sous peine de catastrophe, « sauver les meubles » et force lui fut alors, pour se donner le temps nécessaire à l'évacuation du matériel, d'effectuer la retraite par bonds successifs, d'accepter partout la bataille, donc de laisser à la disposition des groupes d'armées les réserves suffisantes pour leur permettre de faire face à toute tentative de percée de la part des Alliés.

Il dut engager des divisions de plus en plus nombreuses, sans idée de manœuvre, pour parer au plus pressé et boucher les trous.

Il en résultat une *diminution rapide des réserves* du Haut Commandement et, le 10 novembre, malgré une réduction de front de près de 250$^{km}$, l'ennemi, ainsi qu'on a dit plus haut, ne disposait plus comme réserves que de 17 divisions.

En fait, l'armée allemande était disposée en cordon de la mer à la Moselle, et il était impossible au Haut Commandement de se reconstituer des réserves avant l'arrêt définitif de la retraite.

D'ailleurs, eût-il eu des réserves nombreuses à sa disposition, il était dans l'impossibilité d'en jouer et de manœuvrer, notamment pour renforcer, par prélèvements de forces sur le front de la mer à la Meuse (où se trouvait la masse des divisions allemandes), le front Moselle-Suisse, très faiblement tenu et sur lequel allait se produire une grande attaque alliée.

La situation des arrières était telle, en effet, que les transports stratégiques étaient devenus presque impossibles : l'avance des Alliés ne laissait plus à l'ennemi que la libre disposition de 3 « rocades » ferrées (au lieu de 5 auparavant) entre les Flandres et la Lorraine :

1° La ligne { Bruxelles / Charleroi / Mons } Namur-Arlon-Thionville Sarrebruck, la plus courte (400$^{km}$);

2° La ligne Bruxelles-Liège-Aix-la-Chapelle-Cologne-Coblentz { Trèves-Thionville / Mayence-Strasbourg;

3° La ligne { Anvers / Gand } Malines-Visé-Aix-la-Chapelle-Dusseldorff-Rive droite du Rhin-Rastadt.

Ces deux dernières longues chacune de plus de 700$^{km}$.

Or, presque jusqu'au Rhin, ces lignes de rocades se confondaient avec les grandes lignes d'évacuation sur lesquelles les transports de tout le matériel et des immenses approvisionnements de la zone des étapes qu'on voulait sauver, occasionnaient déjà une congestion formidable, en particulier dans le goulot Liége-Aix-la-Chapelle.

Ainsi donc les voies ferrées qui, durant toute la guerre avaient joué un si grand rôle au point de vue stratégique, faisaient défaut au Commandement à l'heure la plus critique, parce que complètement paralysées.

Quant aux camions automobiles, ils étaient presque exclusive-
ment employés aux évacuations en Belgique. Tout au plus
permettaient-ils les transports, à courte distance, de réserves
locales.

Notre attaque sur les deux rives de la Meuse aggravait encore
cette situation. Elle menaçait directement les lignes de communication des six armées (IVe, VIe, XVIIe, IIe, XVIIIe, VIIe, au
total 109 divisions) qui devaient franchir la Meuse entre Fumay
et la frontière hollandaise et il eût été difficile au Commandement
allemand d'y parer.

Les dispositions prises par lui en Lorraine au début de novembre, lorsqu'il fut prévenu de l'imminence de notre attaque
dans cette région, confirment cette hypothèse; convaincu de son
impuissance, le Commandement avait donné l'ordre d'évacuer
Metz et Thionville. Cet ordre devait être exécuté le 11 novembre;
tout ce qui ne pouvait être emporté devait être détruit.

On est donc en droit de dire que la continuation de la bataille
eût sérieusement compromis la retraite des armées allemandes
de Belgique, que le Commandement allemand ne pouvait plus
conduire à la fois la bataille en cours et la retraite commencée,
et qu'il était sous la hantise du nouveau coup qu'allaient lui porter,
en Lorraine, les 30 divisions du général de Castelnau, bientôt
suivies de 30 autres, coup qu'il lui était impossible de parer.

En un mot, le Commandement allemand ne disposant plus
que d'une armée usée, affaiblie moralement et matériellement,
à court de canons et de munitions, sans possibilité de manœuvrer,
et voyant sa retraite sur la Meuse compromise fortement, s'est
senti acculé au désastre militaire le plus complet.

Et c'est pour éviter ce désastre, pour pouvoir ramener sur le
sol national, des armées en apparence intactes, et proclamer
qu'elles n'avaient jamais été vaincues, que le Gouvernement
allemand s'est hâté de demander l'armistice et d'accepter sans
discussion les conditions très dures qui lui étaient imposées.

*Le 11 novembre, l'Allemagne a donc véritablement capitulé. Et*
sans plus de combats, ses armées elles aussi ont capitulé en rase

campagne, nous reconnaissant ainsi tous les droits du vainqueur.

Car ce désastre qu'elles pressentaient, ce n'eût été qu'un jeu pour le Commandement allié de le réaliser. Certes, depuis le chef qui conduisit d'une façon si magistrale l'immense bataille, jusqu'au dernier des vaillants sous ses ordres, il n'en est pas un qui, dans le fond de son cœur de soldat, n'eût souhaité la victoire plus décisive encore, et n'eût désiré, au moment où les circonstances étaient si pleines de promesses, la continuation de la lutte jusqu'à la destruction totale des armées allemandes.

Mais le grand Chef n'a pu s'empêcher de songer aux deuils déjà accumulés, aux millions de braves déjà tombés pour la cause du Droit, au sang déjà versé et à celui qu'il aurait fallu verser encore, même pour une victoire facile qui devait infailliblement terrasser l'ennemi. Et par un sentiment d'humanité bien français (et qui demeurera tout à son honneur), il remit au fourreau l'épée déjà prête à frapper : La capitulation allemande, ce manifeste aveu d'impuissance d'une armée jadis orgueilleuse et superbe, n'était-ce pas déjà un résultat plus grand même qu'une victoire et qui dépassait toutes ses espérances ?

Aussi le soir du 11 novembre, est-ce bien dans toute la tranquilité de sa conscience et la certitude du devoir accompli qu'il a pu dire : « La victoire est complète, et n'aura pas coûté une goutte de sang inutile. »


## V. — CONCLUSIONS SUR LA BATAILLE DE 1918.


Quand on étudie cette lutte gigantesque de 8 mois, terminée victorieusement pour les Alliés, après s'être engagée le 21 mars dans de si graves conditions pour eux, on constate que, malgré son ampleur et la complexité des batailles qui la composèrent, elle ne fut pas une mêlée confuse. De part et d'autre *elle fut dirigée*, et vue de haut, elle apparaît bien comme le duel serré entre les

deux grands chefs qui l'ont conduite de bout en bout et comme
l'antagonisme de deux stratégies :

D'un côté, la stratégie brutale et massive de Lüdendorff,
frappant de formidables coups de boutoir;

De l'autre, la stratégie de la manœuvre, celle du Maréchal
Foch, celle que, colonel, il préconisait déjà dans son Ouvrage :
*Des principes de la Guerre*, doctrine bien française, doctrine de
Napoléon, dont on retrouve la superbe tradition dans l'enseigne-
ment de notre École de Guerre, et dont s'étaient nourris tous les
grands chefs qui furent les artisans de notre victoire, depuis les
Foch, les Pétain, les Castelnau, les Fayolle, les Maistre, les
Franchet d'Esperey, jusqu'à cette pléiade de soldats émérites,
les Mangin, Gouraud, Debeney, Berthelot, Humbert, Guillaumat,
Degoutte et tant d'autres qui, au cours de ce grand drame,
furent les grands chefs directs de nos armées.

Doctrine marquée par ces deux grandes caractéristiques du
génie français, le sens de la mesure et l'harmonie des efforts.

Les attaques du Maréchal Foch, en effet, n'eurent rien de
« kolossal », elles furent pondérées, mesurées, proportionnées
chacune au but qu'il se proposait d'atteindre, et cependant elles
ne manquèrent pas de puissance; et sa bataille ne cessa d'être
nuancée par un balancement harmonieusement rythmé d'une
série de coups de force de formes et de directions diverses.

Lüdendorff attaque et enfonce sur $40^{km}$ ou $60^{km}$, il crée une
poche et voilà tout. Et si le coup n'a pas produit son plein effet,
il le recommence ailleurs, mais toujours il procède par offensive
unique et isolée, et en fait, ses grandes attaques ont été séparées
par des intervalles de temps si éloignés, que chacune d'elles était
pour ainsi dire sans répercussion sur la suivante. Ce fut bien là
véritablement le point faible de sa méthode. Quels que soient
d'ailleurs le génie d'organisation avec lequel il ait préparé ses
opérations et la façon remarquable dont, il faut le reconnaître,
il les ait exécutées ([1]).

----

([1]) *Lüdendorff*, par le général Buat.

La caractéristique des offensives du Maréchal Foch fut au contraire l'élargissement progressif et continu des fronts d'attaques. Il prend d'abord l'offensive sur 30$^{km}$ ou 50$^{km}$, puis bientôt, de proche en proche, c'est l'édifice ennemi qui craque de toutes parts ; parce qu'il manœuvre, parce qu'il attaque l'ennemi sur ses flancs, parce qu'il l'assaille en trois ou quatre points à la fois, par des opérations convergentes ou parallèles simultanées, et surtout parce qu'il le bouscule sans arrêt et sans répit.

Car c'est bien là encore ce qui frappe dans cette manière du Maréchal Foch, c'est la continuité de sa bataille, c'est l'ordonnance de sa conception qui s'affirme par l'échelonnement remarquable avec lequel elle se déroule, l'harmonie et la logique avec lesquelles elle se poursuit implacablement sans arrêt ni défaut de liaison, alors que nous voyons celle de Lüdendorff procéder par coups de boutoir suivis d'entr'actes prolongés.

D'une façon générale, la conception de la bataille de 1918, du côté français, rappelle en sens inverse celle de l'État-Major allemand au début de 1914, attaque frontale avec deux grandes attaques d'ailes, bataille classique de mouvement et de manœuvre.

On peut donc dire que la guerre ouverte par la guerre de mouvement devait, par un juste retour des choses d'ici-bas, se terminer de même, et presque dans les régions où elle avait débuté, en Orient comme en Occident.

Les Allemands cependant s'y croyaient passés maîtres et certains chaque fois de remporter la victoire. Mais chaque fois après de premiers succès, ils ont trouvé leurs maîtres dans les chefs qui représentaient la doctrine française.

Et une fois de plus en 1918 s'affirmait donc avec la maîtrise du Commandement en chef des Alliés, le triomphe de « la combinaison et de la manœuvre », comme aussi se vérifiait une fois de plus la justesse de ce principe de guerre, vieux comme le monde et que le lieutenant-colonel Foch avait dès 1878 énoncé sous cette formule lapidaire et fatidique :

*Victoire = Volonté.*

« *La victoire va toujours à ceux qui le méritent par la plus grande force de volonté et d'intelligence.* »

Ainsi se terminait, au milieu de l'émotion et de l'allégresse générales, par la victoire éclatante des Armées alliées et un effondrement de trônes sans exemple dans l'Histoire, cette guerre de 5o mois qui, peu à peu, s'était étendue à une grande partie de la surface du globe.

Cette guerre, qui a mobilisé, estime-t-on, 66 millions d'hommes, qui en a tué 9 millions et blessé 3o millions d'autres, se distingue de toutes les guerres antérieures par le nombre des nations belligérantes, par l'importance des effectifs engagés, par l'énormité des moyens mis en œuvre, par la durée des batailles, par le chiffre épouvantable des vies humaines fauchées et l'immensité des ruines accumulées.

Mais elle marquera surtout un tournant de l'Histoire du Monde par ce fait unique et remarquable, qu'elle fut bien véritablement la croisade de toute l'humanité civilisée contre l'hégémonie germanique, la croisade pour le Droit et la Justice, contre la force brutale et tyrannique; et que la victoire remportée fut bien la victoire du Droit.

Cette victoire, la France la devait à la vertu de sa race, — au sacrifice glorieux de plus d'un million de ses enfants tombés héroïquement pour la défense de son sol, — à l'union sacrée de son peuple, — à sa confiance inébranlable dans le triomphe final, — à la vaillance de son armée qui jamais, dans aucun temps, ne fit preuve de plus de courage et d'esprit de sacrifice, — à la valeur de ses chefs.

Elle la devait aussi pour une grande part au choix du chef militaire de la coalition, au Maréchal Foch, qui assuma la si lourde tâche de diriger l'immense bataille de 1918, — au grand Français enfin, M. Clemenceau, en qui s'incarna véritablement l'énergie française, et qui, à la tête de notre Gouvernement, contribua plus qu'aucun autre à surmonter les difficultés terribles qui étaient si proches cependant du triomphe final.

Mais la France la devait encore, et elle ne l'oubliera jamais, à l'effort, à la résolution, à l'union et au concours de tous les Alliés, car, quelles que fussent la vaillance de ses armées et la valeur de leurs chefs, seules elles n'eussent pas suffi à vaincre un ennemi si supérieur en hommes et en moyens.

Aussi garderons-nous toujours une pensée profonde de reconnaissance aux nations qui, librement, se sont successivement jetées dans la mêlée à nos côtés, pour venir au secours du droit menacé :

*A la Belgique* tout d'abord, la première victime de l'agression germanique, dont la volonté a stupéfié l'ennemi, et dont l'héroïsme nous donna le temps de parfaire notre concentration;

*A la Serbie*, notre intrépide Alliée de toute la guerre et dont l'indomptable énergie triompha des pires malheurs qui aient jamais assailli un peuple;

*A l'Italie* qui, dès les premiers jours, nous permit de disposer de notre armée des Alpes et qui, depuis, se jetant résolument dans la lutte, immobilisa et vainquit une partie de l'armée autrichienne;

*A l'Angleterre* qui, aux premières heures angoissantes de la guerre, n'hésita pas à se lever de toute son énergie pour défendre le droit odieusement violé et à jeter dans la balance les 150 000 admirables soldats de métier qui constituaient alors son armée continentale.

L'Angleterre qui nous valut la liberté des mers et dont l'effort militaire gigantesque, d'une puissance et d'une persévérance dignes d'admiration, a contribué grandement à assurer la victoire.

*Aux Etats-Unis surtout*, dont la noble et généreuse intervention demeurera comme un des plus grands événements de l'Histoire du Monde et dont la magnifique et jeune armée, forte de plus de 30 divisions au 11 novembre, s'était jetée dans la lutte avec une ardeur qui avait été décisive, et que prouvaient assez les vides profonds creusés dans ses rangs;

*A la Roumanie*, entrée plus tardivement dans le conflit, mais dont les sympathies nous étaient acquises dès le début de la guerre et qui, dans une lutte difficile contre des forces disproportionnées, maintint jusqu'au bout, malgré des revers immérités, sa fidélité inébranlable dans notre cause;

*Aux Portugais, aux Polonais, aux Tchéco-Slovaques, aux Yougo-Slaves, aux contingents grecs, au Japon*, qui se sont rangés librement à nos côtés;

*A la Suisse enfin* qui, nous l'avons bien compris, a rendu tant de services à notre cause en constituant par sa neutralité armée la « couverture » de notre flanc droit, et à qui nous serons éternellement reconnaissants de son immense effort de charité et d'assistance envers nos malheureux prisonniers internés sur son territoire, comme aussi du généreux concours que nous apportèrent plus de 10 000 de ses braves, venus spontanément combattre dans les rangs de notre légion.

Néanmoins, quels qu'aient été moralement et matériellement les concours apportés par toutes ces nations à notre patrie, la France, au bout de ces 4 années, a le droit de contempler avec fierté le chemin parcouru.

Tout d'abord, c'est elle qui, sans conteste, fut de toutes les nations la plus éprouvée et a payé à la guerre le plus lourd tribu de sang, de deuils et de ruines.

Ses pertes en hommes s'élèvent en effet à : 1 million 400 000 tués ou disparus (1 homme sur 27 habitants), 2 millions 800 000 blessés, dont près de 800 000 mutilés.

Ses plus riches départements ont été transformés en champ de bataille ou ravagés systématiquement.

Le quart de son capital productif a été anéanti.

26 000 de ses usines ont été détruites.

Les ruines accumulées par l'ennemi chez elle sont estimées à 126 milliards au minimum.

Et pour gagner une guerre qui lui coûtait en 1918, 127 millions par jour, elle a dû verser près de 160 milliards, sur lesquels il faut compter 27 milliards de dette extérieure.

Enfin elle est aujourd'hui accablée sous le poids de charges matérielles et financières sans précédent dans l'Histoire.

Au début, c'est elle qui, seule ou presque seule, a soutenu le choc le plus formidable de l'Histoire et qui a puisé dans la grandeur de sa cause non seulement la force de contenir l'ennemi, mais encore de le faire reculer.

Seule aussi, c'est elle qui, à Verdun, a brisé la seconde ruée allemande.

Elle avait donc empêché la réalisation du plan allemand et sauvé la liberté du Monde, constituant à elle seule la « couverture » des forces futures de la coalition.

Et depuis, sans jamais faillir, c'est elle encore qui a continué à prodiguer ses soldats, son or et ses ressources, travaillant et se battant pour ses Alliés aussi bien que pour elle et ne mesurant pas ses sacrifices pour les aider de tous ses moyens.

Bien qu'elle fût dans une situation agricole difficile, bien qu'elle eût perdu dès le début 80 pour 100 de son industrie métallurgique, 50 pour 100 de ses ressources en charbon, elle assura le ravitaillement complet des Alliés dont le territoire était envahi.

Elle a envoyé des armes et des munitions à la Russie, à la Roumanie, à la Serbie, des canons à l'Italie;

Elle procéda à la reconstitution complète des armées belge et serbe, à la constitution de toutes pièces des légions polonaises et tchéco-slovaques, à l'organisation presque totale de l'armée grecque nouvelle.

Bien qu'ayant eu à recueillir des centaines de milliers de Français fuyant l'invasion, c'est encore à bras ouverts que la France accueillit les réfugiés de tous les pays alliés et qu'elle devint la patrie des nations qui avaient perdu la leur.

Tout ce qu'elle eut d'éminent comme inventeurs, comme ingénieurs, comme techniciens, elle le mit au service de la cause commune. De même que par l'envoi de missions d'instructeurs français sur tous les fronts, elle enseigna à nos Alliés nos méthodes de combat et l'usage des engins dont nous les fournissions.

La France ne s'est pas bornée à fournir à ses Alliés des secours en argent, en matériel, en techniciens, en état-majors : bien que son armée soit numériquement inférieure à l'armée allemande, on vit ses troupes se battre sur tous les fronts et être, selon l'expression du maréchal Franchet d'Esperey, « le ciment qui unissait les éléments des autres nations ».

Partout enfin, en Orient comme en Occident, son génie militaire s'est imposé, et partout, s'inclinant devant le talent de nos grands chefs, c'est à ses généraux que les Alliés ont confié la direction de leurs opérations.

En résumé, si les Alliés ont rendu des services à la France, la France pour ses Alliés a beaucoup fait et fait tout ce qu'elle a pu, et dans ce grand Chapitre d'Histoire qui s'appelle « la guerre mondiale » ce ne sera pas elle qui aura écrit la page la moins douloureuse ni la moins glorieuse.

Car pendant ces quatre années tragiques, ce fut bien la France qui fut au premier rang de l'alliance des peuples.

Ce fut elle qui organisa la résistance du Monde à l'empire germanique.

Ce fut elle qui entraîna ses Alliés par ses idées, par son exemple, et qui leur communiqua à tous son indomptable volonté de résistance et de victoire.

Ce fut bien elle enfin qui, véritablement, a été l'âme sacrée parfois invisible, mais toujours présente de la coalition.

H. CORDA.

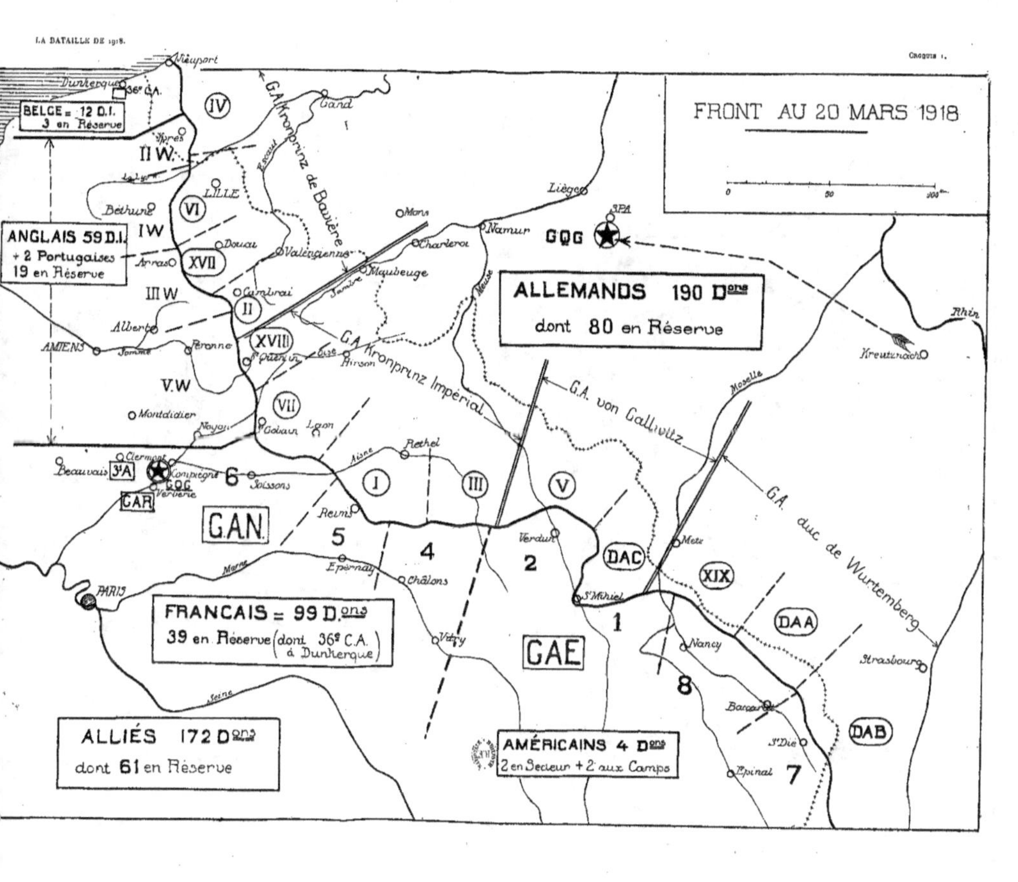
Croquis 1.
FRONT AU 20 MARS 1918
0    50    100 km
Nieuport
Dunkerque
36e C.A.
BELGE = 12 D.I.
3 en Réserve
Ypres
II W.
LILLE
VI
I W.
Béthune
ANGLAIS 59 D.I.
+ 2 Portugaises
19 en Réserve
Arras
Douai
XVII
III W.
Cambrai
II
Albert
AMIENS
Somme
Péronne
St Quentin
XVIII
V. W.
Montdidier
VII
Noyon
Coucy
Laon
Gand
Escaut
G.A. Kronprinz de Bavière
Mons
Valenciennes
Maubeuge
Sambre
Charleroi
Namur
Liège
SPA
GQG
G.A. Kronprinz Impérial
Hirson
Oise
Meuse
ALLEMANDS  190 Dons
dont  80 en Réserve
Rhin
Kreutznach
G.A. von Gallwitz
Mobelle
G.A. duc de Wurtemberg
Beauvais
3e A.
Clermont
Compiègne
GQG
Verberie
CAR
6
Soissons
Aisne
Rethel
G.A.N.
Reims
5
I
4
III
V
Verdun
2
DAC
Metz
XIX
Marne
Épernay
Châlons
Paris
FRANCAIS = 99 Dons
39 en Réserve (dont 36e C.A.
à Dunkerque)
Vitry
St Mihiel
1
GAE
DAA
Nancy
8
Strasbourg
Seine
Baccarat
St Dié
ALLIÉS  172 Dons
dont 61 en Réserve
AMÉRICAINS 4 Dons
2 en Secteur + 2 aux Camps
Épinal
7
DAB

 

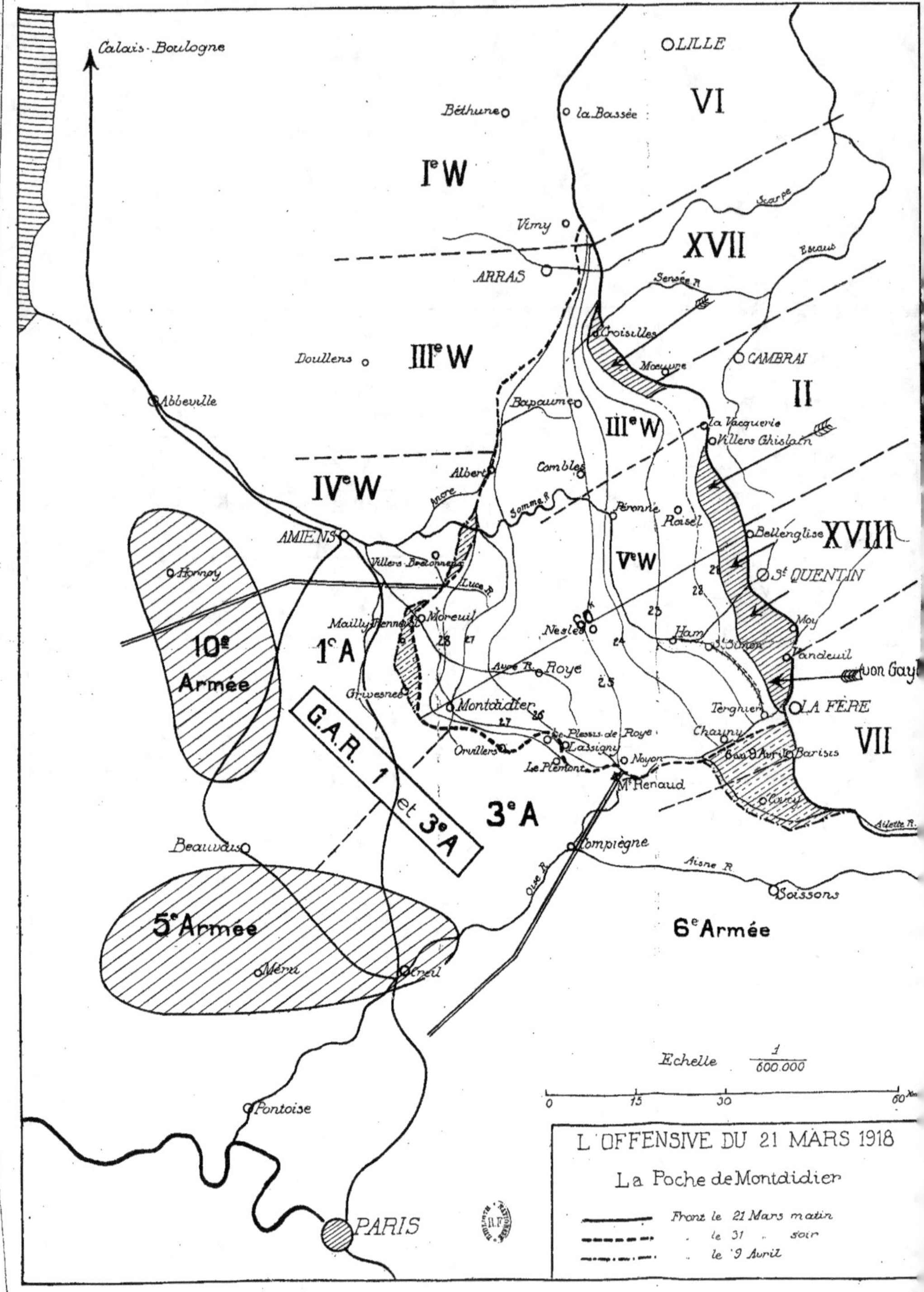


Calais - Boulogne
LILLE
Béthune
la Bassée
VI
I° W
Scarpe
Vimy
XVII
ARRAS
Sensée R.
Escaut
Croisilles
Doullens
III° W
Moeuvre
CAMBRAI
II
Abbeville
Bapaume
III° W
la Vacquerie
Villers Ghislain
Combles
Albert
Ancre
Somme R.
Péronne
Roisel
Bellenglise
XVIII
AMIENS
V° W
St QUENTIN
Hornoy
Villers Bretonneux
Luce R.
26
Moy
10°
Armée
Mailly Raineval
Moreuil
28
27
Nesles
28
23
Ham
St Simon
Vendeuil
von Gayl
1° A
Avre R.
Roye
24
25
LA FÈRE
Grivesnes
Montdidier
26
Terguier
Chauny
VII
27
Orvillers
Le Plessis de Roye
Lassigny
Noyon
6 au 9 Avril
Barisis
G. A. R. 1 et 3° A
3° A
Le Plémont
M. Renaud
Cuts
Ailette R.
Beauvais
Compiègne
Aisne R.
Oise R.
Soissons
5° Armée
6° Armée
Méru
Creil
Pontoise
PARIS
Echelle   1 / 600.000
0    15    30    60 Km
L'OFFENSIVE DU 21 MARS 1918
La Poche de Montdidier
Front le 21 Mars matin
le 31 soir
le 9 Avril

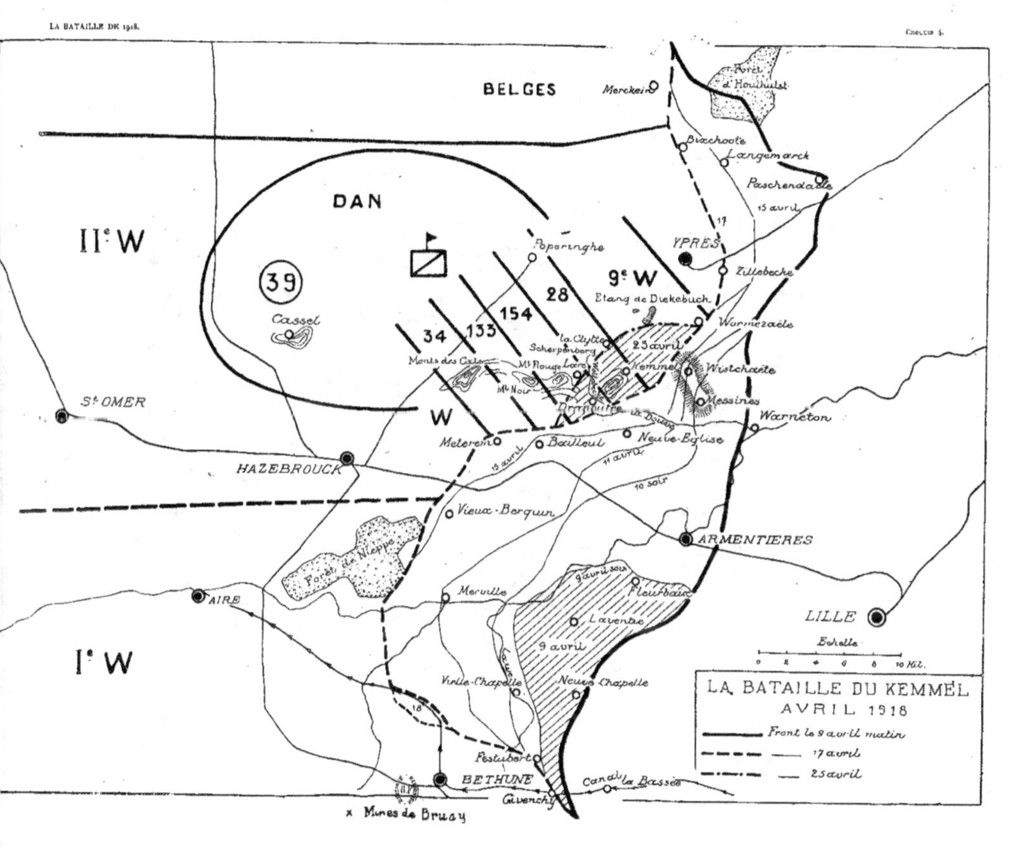

LA BATAILLE DE 1918.
Croquis 4.
BELGES
Forêt d'Houthulst
Merckem
Bixchoote
Langemarck
Paschendaele
15 avril
17
DAN
II° W
Poperinghe
YPRES
Zillebecke
9° W
39
Etang de Dickebuch
Cassel
28
Wormezaele
154
la Clytte
23 avril
34  133
Scherpenberg
Kemmel
Wistchaète
Monts des Cats
Mt Rouge Locre
Messines
Mt Noir
Warnéton
Armentières  la Douve
St OMER
W
Neuve-Eglise
Meteren
13 avril
Bailleul
11 avril
HAZEBROUCK
10 soir
Vieux-Berquin
ARMENTIERES
Forêt de Nieppe
Merville
9 avril soir
Fleurbaix
AIRE
Lavente
LILLE
I° W
9 avril
Echelle
0  2  4  6  8  10 Kil.
Viville-Chapelle
Neuve-Chapelle
18
LA BATAILLE DU KEMMEL
AVRIL 1918
Festubert
Front le 9 avril matin
BETHUNE
Canal la Bassée
17 avril
Givenchy
25 avril
x  Mines de Bruay

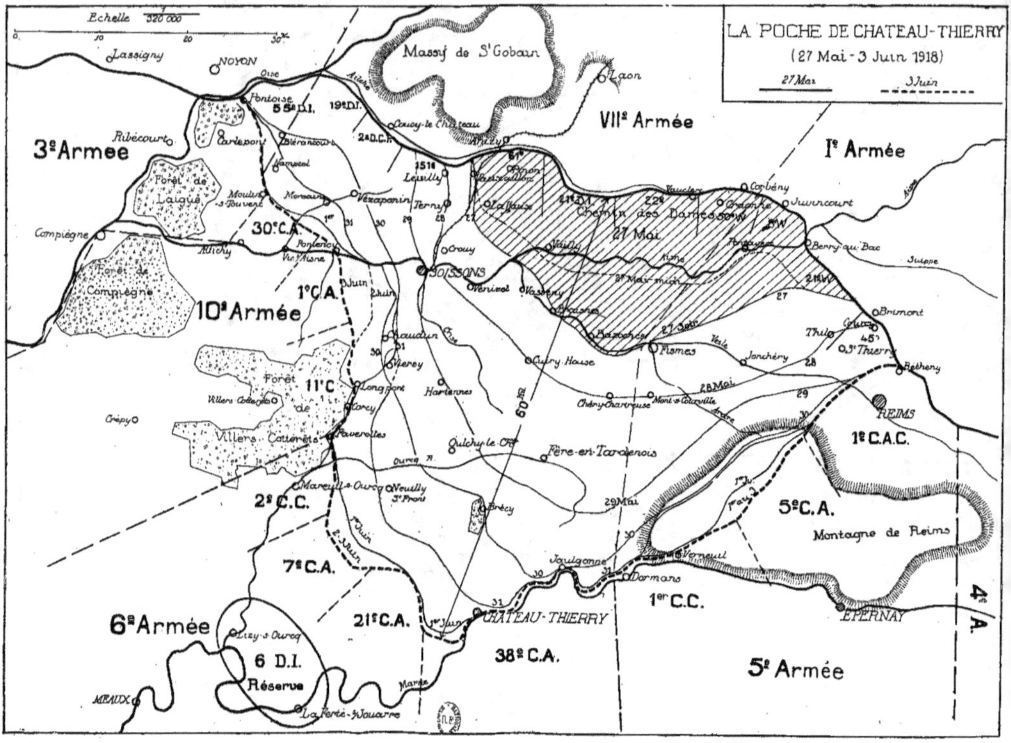

LA POCHE DE CHATEAU-THIERRY
(27 Mai - 3 Juin 1918)
27 Mai
3 Juin
Echelle 320 000
Lassigny
NOYON
Massif de St Gobain
Laon
Pontoise
55e D.I.
19e D.I.
Coucy-le-Château
Anizy
VIIe Armée
Ie Armée
Ribécourt
3e Armée
Carlepont
Blérancourt
2e D.C.P.
Vauxion
Corbény
Juvincourt
Forêt de Laigue
Moulin-s-Touvent
Morsain
Vézaponin
Terny
151e
Leuilly
Laffaux
Chemin des Dames
27 Mai
Craonne
Berry-au-Bac
Compiègne
30e C.A.
Pontenoy
Vic-s-Aisne
Crouy
SOISSONS
Vrénizel
Vasseny
3e Mai-midi
Suippe
Attichy
10e Armée
1er C.A.
3 Juin
2 Juin
Bazoches
27 Sept.
Brimont
Thilo
St Thierry
Forêt
11e C.
Chaudun
Bièrry
Fismes
Vesle
Janchéry
Bétheny
Villers Cotterets
de
Longpont
Oulchy-House
28 Mai
REIMS
Crépy
Villers Cotterets
Faverolles
Oulchy-le-Château
Chéry-Chartreuse
Mont-s-Courville
1e C.A.C.
Ourcq
Fère-en-Tardenois
5e C.A.
2e C.C.
Mareuil-s-Ourcq
Neuilly St Front
Brécy
29 Mai
Montagne de Reims
7e C.A.
Jaulgonne
Verneuil
EPERNAY
21e C.A.
1er C.C.
4e A.
6e Armée
Lizy-s-Ourcq
CHATEAU-THIERRY
Dormans
6 D.I. Réserve
38e C.A.
5e Armée
MEAUX
Marne
La Ferté-s-Jouarre

 

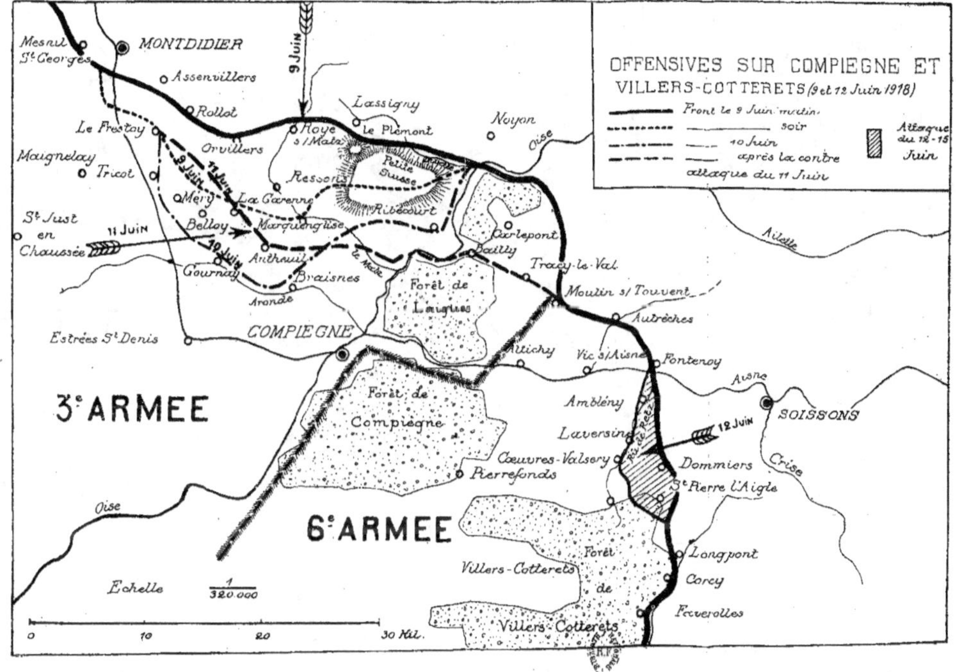
OFFENSIVES SUR COMPIEGNE ET
VILLERS-COTTERETS (9 et 12 Juin 1918)
Front le 9 Juin matin
soir
10 Juin
après la contre attaque du 11 Juin
Attaque du 12-15 Juin
Mesnil St Georges
MONTDIDIER
Assenvillers
Rollot
Lassigny
Le Frestoy
Roye s/Matz
Le Plémont
Noyon
Orvillers
Oise
Maignelay
Tricot
Ressons
Petite Suisse
Méry
La Garenne
Ribécourt
Belloy
Marqueglise
Carlepont
Bailly
St Just en Chaussée
Anthenil
le Matz
Tracy-le-Val
11 Juin
10 Juin
Moulin s/Touvent
Gournay
Braisnes
Autrêches
Aronde
Forêt de L'aigue
Estrées St Denis
Attichy
Vic s/Aisne
Fontenoy
COMPIEGNE
Aisne
3e ARMEE
Forêt de Compiègne
Amblény
Laversine
SOISSONS
Crise
Cœuvres-Valsery
Dommiers
Pierrefonds
St Pierre L'Aigle
6e ARMEE
12 Juin
Oise
Forêt de Villers-Cotterets
Longpont
Corcy
Echelle
1/320.000
Faverolles
Villers-Cotterets
0     10     20     30 Kil.

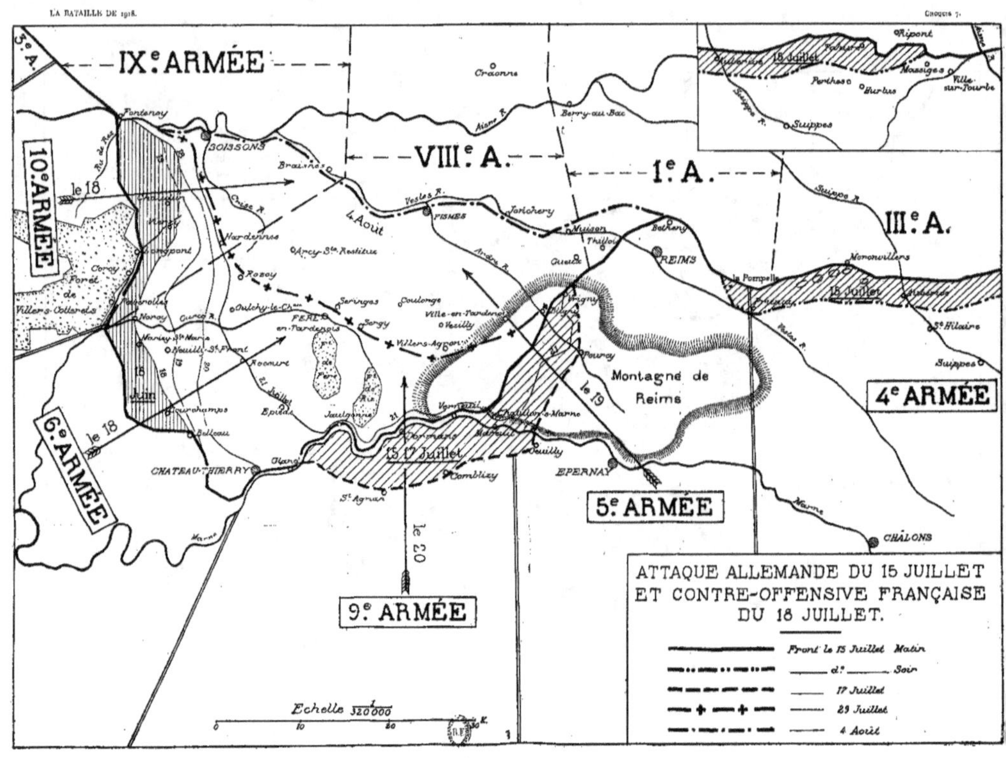
IX.e ARMÉE
VIII.e A.
1.e A.
III.e A.
10.e ARMÉE
6.e ARMÉE
9.e ARMÉE
5.e ARMÉE
4.e ARMÉE
SOISSONS
REIMS
Montagne de Reims
CHATEAU-THIERRY
EPERNAY
CHALONS
Craonne
Berry-au-Bac
Braisnes
Fismes
le 18
4 Août
le 18
le 19
le 20
15-17 Juillet
Juin
Croquis 7.
ATTAQUE ALLEMANDE DU 15 JUILLET
ET CONTRE-OFFENSIVE FRANÇAISE
DU 18 JUILLET.
Front le 15 Juillet Matin
d.o Soir
17 Juillet
29 Juillet
4 Août
Echelle 1/520000
0 10 20

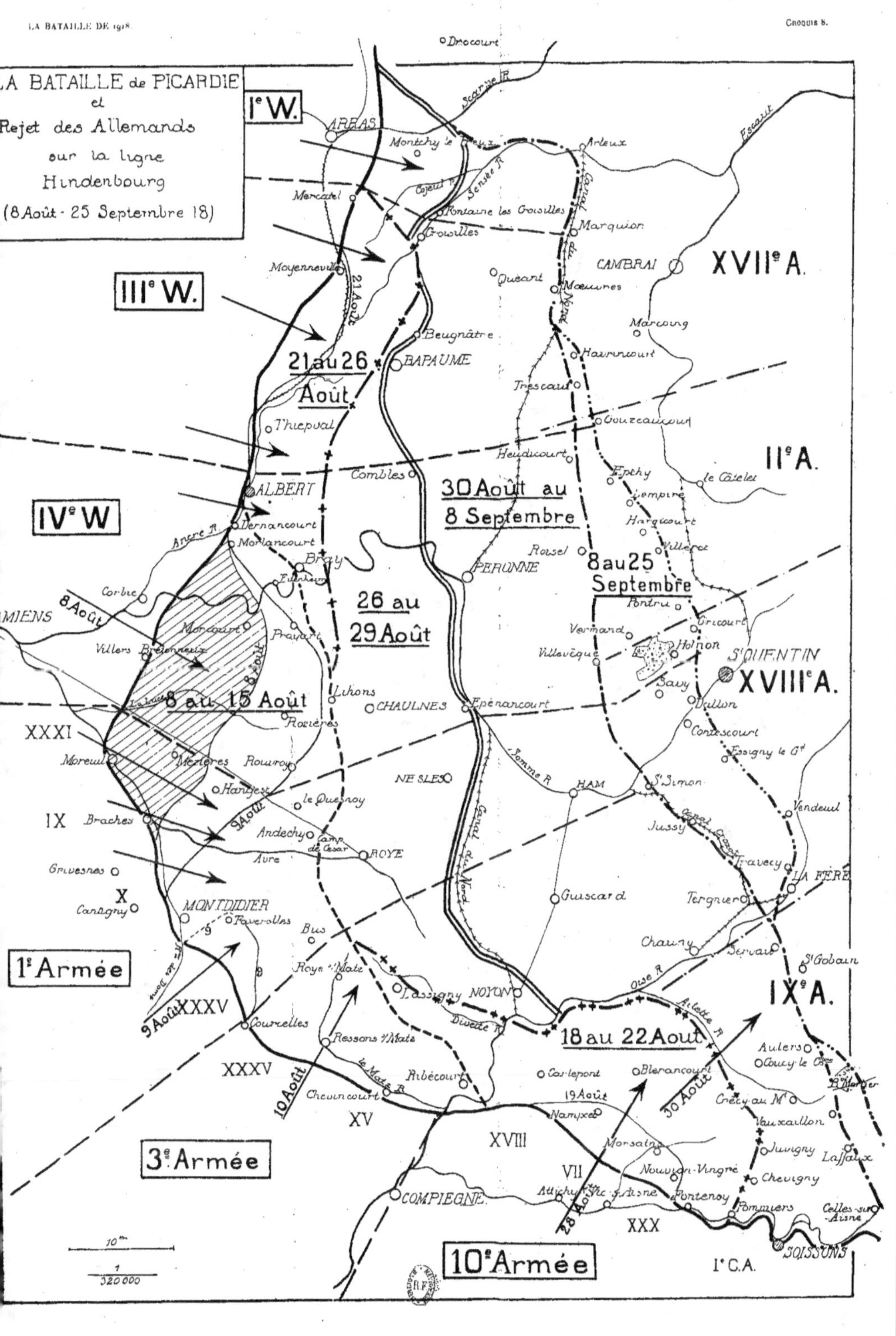
LA BATAILLE de PICARDIE
et
Rejet des Allemands
sur la ligne
Hindenbourg
(8 Août - 25 Septembre 18)
Ie W.
IIIe W.
IVe W
XVIIe A.
IIe A.
XVIIIe A.
IXe A.
Drocourt
ARRAS
Montchy le Preux
Arleux
Mercatel
Cojeul R.
Sensée R.
Fontaine les Croisilles
Croisilles
Marquion
CAMBRAI
Moyenneville
Quéant
Moeuvres
Beugnâtre
BAPAUME
Marcoing
Haurincourt
Trescault
21 au 26 Août
Thiepval
Gouzeaucourt
Heudicourt
Combles
Epéhy
le Catelet
30 Août au 8 Septembre
Lempire
ALBERT
Hargicourt
Villeret
Ancre R.
Bernancourt
Morlancourt
Rousel
8 au 25 Septembre
Bray
PÉRONNE
Corbie
Montcourt
Pontru
Cricourt
8 Août
Vermand
Holnon
St QUENTIN
Villers Bretonneux
Villeveque
Savy
Prayart
26 au 29 Août
Dallon
8 au 15 Août
Lihons
CHAULNES
Epénancourt
Contescourt
Rozières
Essigny le Gd
XXXI
Moreuil
Mézières
Rouvroy
NESLES
Somme R.
HAM
St Simon
Vendeuil
IX
Braches
Harbez
le Quesnoy
9 Août
Jussy
Canal Crozat
Travecy
LA FÈRE
Andechy
Camp de César
ROYE
Avre
Grivesnes
Guiscard
Tergnier
X
Cantigny
MONTDIDIER
Faverolles
Bus
Chauny
Servais
St Gobain
1e Armée
Roye s/Mate
Lassigny
NOYON
Oise R.
IXe A.
Divette R.
18 au 22 Août
Aulers
Coucy le Ch.
9 Août
XXXV
Courcelles
Ressons s/Mate
Blerancourt
30 Août
Crécy au Mt
10 Août
Ribécourt
Carlepont
19 Août
Vauxaillon
Chevincourt
Nampcel
Juvigny
Laffaux
XV
XVIII
Morsain
Nouvron-Vingré
Chevigny
VII
3e Armée
COMPIEGNE
Attichy
Vic s/Aisne
Fontenoy
Pommiers
Celles sur Aisne
10e Armée
XXX
Ier C.A.
SOISSONS
10 km
1 / 320000

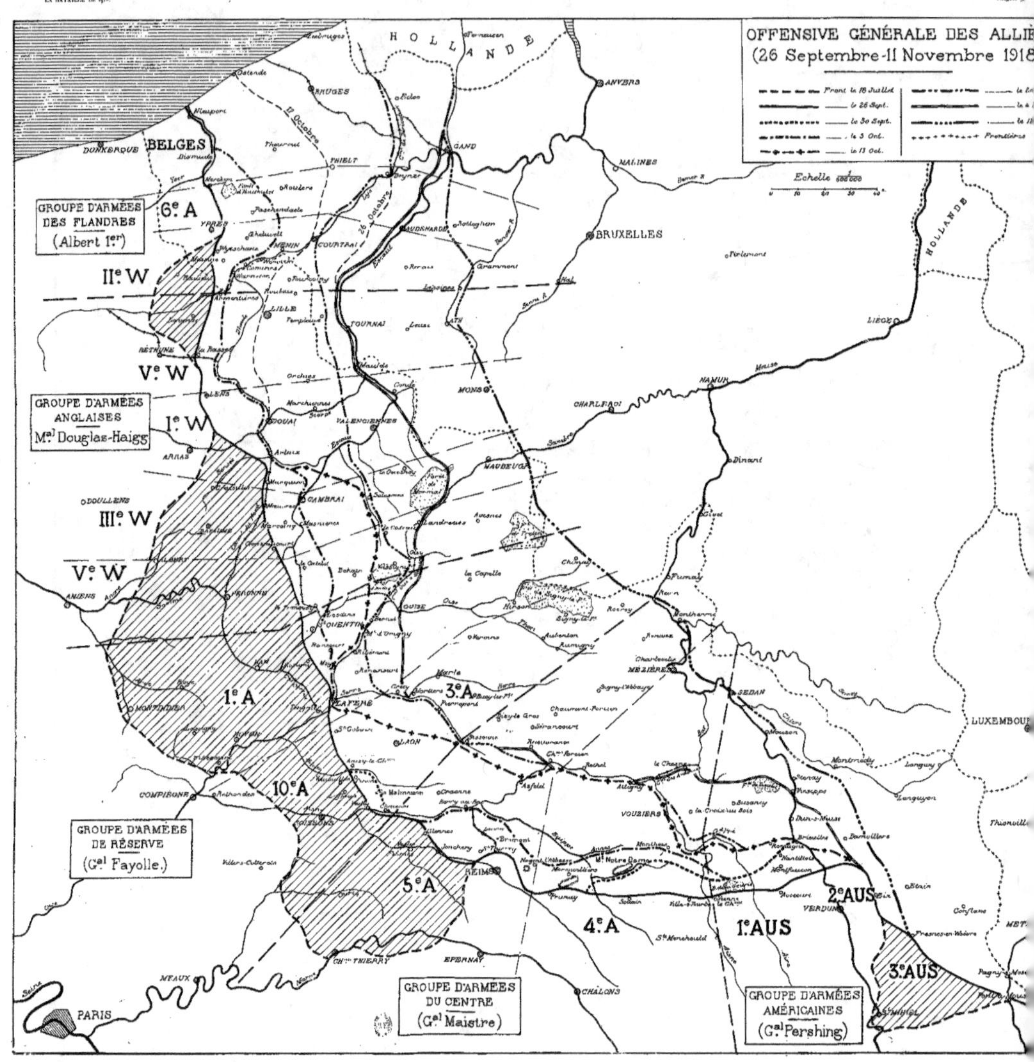
OFFENSIVE GÉNÉRALE DES ALLIÉS
(26 Septembre-11 Novembre 1918
Front le 18 Juillet.
le 26 Sept.
le 30 Sept.
le 5 Oct.
le 11 Oct.
Frontières
Échelle
HOLLANDE
ANVERS
BRUGES
MALINES
BELGES
DUNKERQUE
GAND
BRUXELLES
LIÈGE
GROUPE D'ARMÉES
DES FLANDRES
(Albert 1er)
6e A
II e W
YPRES
MENIN
COURTRAI
TOURNAI
NAMUR
LILLE
BÉTHUNE
V e W
GROUPE D'ARMÉES
ANGLAISES
Mal Douglas-Haigg
Ie W
LENS
MONS
CHARLEROI
DOUAI
VALENCIENNES
ARRAS
MAUBEUGE
DINANT
O DOULLENS
III e W
CAMBRAI
V e W
AMIENS
GIVET
FUMAY
LA CAPELLE
ST QUENTIN
GUISE
MÉZIÈRES
SEDAN
LUXEMBOURG
1e A
3e A
LA FÈRE
LAON
MONTDIDIER
COMPIÈGNE
10e A
VOUZIERS
GROUPE D'ARMÉES
DE RÉSERVE
(Gal Fayolle.)
VERDUN
2e AUS
5e A
REIMS
4e A
1e AUS
3e AUS
MEAUX
CH. THIERRY
ÉPERNAY
CHÂLONS
St Menehould
MET
PARIS
GROUPE D'ARMÉES
DU CENTRE
(Gal Maistre)
GROUPE D'ARMÉES
AMÉRICAINES
(Gal Pershing)

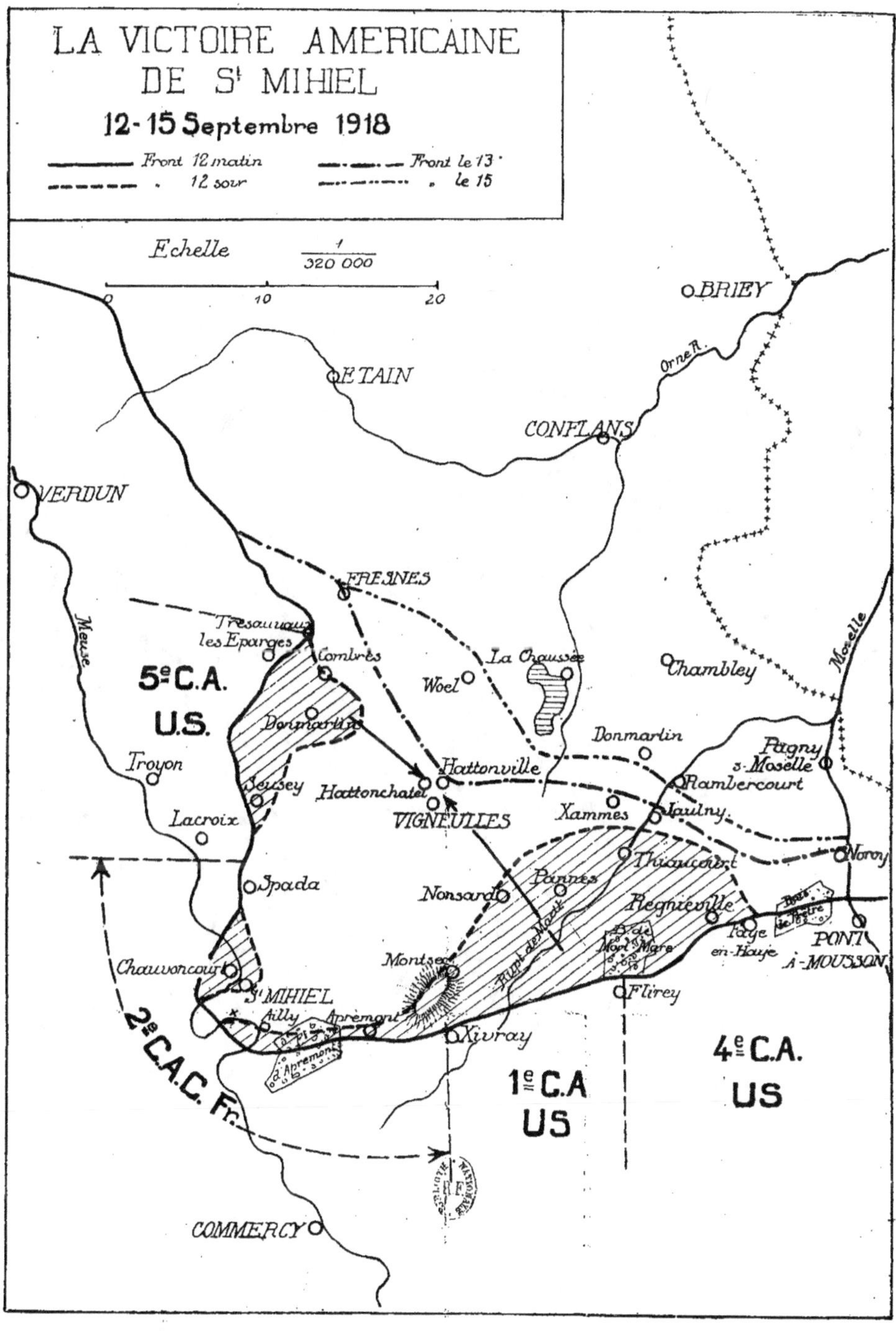

LA VICTOIRE AMERICAINE
DE S! MIHIEL
12-15 Septembre 1918
Front 12 matin
12 soir
Front le 13
le 15
Echelle
1
320 000
0
10
20
O.BRIEY
Orne R.
O ETAIN
CONFLANS
O VERDUN
Meuse
FRESNES
Tresauvaux
les Eparges
Combres
La Chaussée
Chambley
Woel
Moselle
5e C.A.
U.S.
Donmartin
Donmarlin
Pagny
s. Moselle
Troyon
Hattonville
Seuzey
Hattonchatel
Rambercourt
Lacroix
VIGNEULLES
Xammes
Jaulny
Spada
Pannes
Nonsard
Thiaucourt
Norroy
Regnieville
Bois de Mort Mare
Pont a. Istre
Chauvoncourt
Montsec
Faye en-Haye
PONT A-MOUSSON
2e C.A.C. Fr.
S! MIHIEL
Ailly
Apremont
Flirey
B. d'Apremont
Xivray
1e C.A US
4e C.A. US
COMMERCY

Echelle
0    50 Kil.
Dunkerque
Nieuport
Calais
Ypres
Béthune
LILLE
Anvers
GAND
Malines
BRUXELLES
Louvain
Hasselt
Visé
AIX-LA-CHAPELLE
LIEGE
Verviers
COLOGNE
Dusseldorf
Lys
Escaut
Mons
Douai
ARRAS
Valenciennes
Cambrai
Sambre
Maubeuge
NAMUR
Charleroi
Dinant
Marche
Givet
Fumay
COBLENTZ
FRANCFORT
MAYENCE
Albert
Somme
Péronne
AMIENS
St QUENTIN
LA FÈRE
Montdidier
Noyon
LAON
Aisne
Mézières
Sedan
Arlon
LUXEMBOURG
TREVES
Manheim
BEAUVAIS
Compiègne
Soissons
Villers-Cotterets
Oise
Rethel
Vouziers
Thionville
Briey
Sarrebrück
Sarreguemines
REIMS
VERDUN
METZ
Haguenau
Rastädt
Meaux
Château-Thierry
Epernay
CHALONS
St Mihiel
STRASBOURG
Vitry
Commercy
NANCY
Toul
Lunéville
Meurthe
Baccarat
Colmar
Marne
Seine
Meuse
Moselle
St Dié
EPINAL
OFFENSIVE PROJETÉE POUR LE 13 NOV.



LA BATAILLE DE 1918
Front au 15 Juillet
23 Septembre
11 Novembre
Voies ferrées de Rocade dont
disposaient les Allemands le 11 Nov.

# TABLE DES MATIÈRES.

## CHAPITRE V.

### L'offensive générale des Alliés.




65 139-21   Paris. — Imprimerie, GAUTHIER-VILLARS et C<sup>ie</sup> 55, quai des Grands-Augustins.